GOLDMANN

Buch

Es gibt viele Argumente dafür, wenigstens einmal pro Woche fleischlos zu essen: Zuviel tierisches Eiweiß und Fett machen krank und dick; die Qualität fast aller Fleischsorten läßt durch den Einsatz von Hormonen und Antibiotika bei der Tieraufzucht zu wünschen übrig; Fleischkost belastet nicht nur Herz und Gefäße, sondern auch den Geldbeutel. Dieses Kochbuch will jedoch keinem die Lust am saftigen Steak vermiesen. Es macht vielmehr anschaulich, wie abwechsungsreich und schmackhaft die vegetarische Küche sein kann.

Elisabeth Lange hat Rezepte ausgesucht, bei denen man ein Stück Fleisch nicht so schnell vermissen wird. Wer darüber hinaus mehr über die verschiedenen Lebensmittel und richtige Ernährung erfahren möchte, kann sich an die vielen, graphisch besonders hervorgehobenen Kurzinformationen halten, die zwischen die Rezepte eingestreut sind.

Autorin

Im Anschluß an ihr Studium der Ernährungswissenschaften war Elisabeth Lange zehn Jahre lang Mitglied der *Brigitte*-Redaktion, davon fünf Jahre als Leiterin des Ressorts Haushalt und Küche. Heute arbeitet sie als freie Journalistin und Buchautorin in Hamburg mit dem Schwerpunkt gesunde Ernährung.

Im Goldmann Verlag ist von Elisabeth Lange außerdem erschienen:
100 Fragen zur gesunden Ernährung (13817)

Da fing ich an, im Geiste zu singen,
und wusste, er sang mit mir,
und sein Lied in allen Dingen
ließ mein Ich wie Glas zerspringen,
ich war eine offene Tür.
Da fing ich an, im Geiste zu tanzen,
einem großen Tänzer gleich,
und Löcher aus Freude ins Dasein zu stanzen,
und fühlte uns unsagbar reich.

Die Deutsche Bibliothek – CIP-Einheitsaufnahme
Ein Titeldatensatz für diese Publikation ist bei
Der Deutschen Bibliothek erhältlich

1 2 3 4 5   05 04 03 02 01

Ein Unternehmen der Verlagsgruppe Dornier
Postfach 80 06 69, 70506 Stuttgart, Tel: 0711 / 78 80 30
Sie erreichen uns rund um die Uhr unter www.kreuzverlag.de
Umschlagbild: © ZEFA/Anderson, Paul
Umschlaggestaltung, Layout und Satz:
Sibylle in der Schmitten, Meerbusch
Druck und Bindung: GGP Media, Pößneck

Die Schreibweise entspricht den Regeln der neuen Rechtschreibung.

ISBN 3 7831 2015 2

ELISABETH LANGE

Brigitte

Fleischlos glücklich

Rezepte für die vegetarische Küche

Ein **Brigitte**-Buch
bei Goldmann

Umwelthinweis
Alle gedruckten Materialien dieses Taschenbuches
sind chlorfrei und umweltschonend.
Das Papier enthält Recycling-Anteile.

Der Goldmann Verlag ist ein Unternehmen
der Verlagsgruppe Bertelsmann

Im Text vollständige Taschenbuchausgabe März 1995
Wilhelm Goldmann Verlag, München

Umschlaggestaltung: Design Team München
Umschlagfoto: TIB/Schneider, München
Herausgeberin: Anne Volk
Lektorat: Marita Heinz
Satz: All-Star-Type Hilse, München
Druck: Pressedruck Augsburg
Verlagsnummer: 13822
ss · Herstellung: Martin Strohkendl
Made in Germany
ISBN 3-442-13822-1

1 3 5 7 9 10 8 6 4 2

Inhalt

Einführung

Fleischlos glücklich, ist das nicht zuviel versprochen? Weder übers Glück noch über den Geschmack (auch beim Essen) läßt sich mit gutem Ergebnis streiten. Deshalb können Sie es nur selbst in der Küche ausprobieren und sich überzeugen, daß der Titel dieses Buches stimmt. Wem es beim Kochen und Essen um ein sinnliches Vergnügen geht, der findet hier eine große Auswahl an Rezepten, bei denen er ein Stück Fleisch nicht so schnell vermissen wird. Wer darüber hinaus etwas mehr über die verschiedenen Lebensmittel und richtige Ernährung wissen möchte, kann sich an die vielen Informationskästen halten, die zwischen die Rezepte eingestreut sind.

Warum weniger Fleisch?

Es gibt eine ganze Reihe von Gründen, mindestens ein- oder zweimal in der Woche auf Fleisch und Wurst zu verzichten:

1. Die Gesundheit
Von einigen weitverbreiteten Krankheiten nimmt man heute an, daß sie durch zuviel Fleisch und die damit zusammenhängende Zufuhr von tierischen Fetten begünstigt oder sogar hervorgerufen werden. Wissenschaftlich nachgewiesen ist der Zusammenhang für Gicht. Bei dieser Krankheit werden die Abbauprodukte aus dem Fleisch (Harnsäure) in Gelenken und Organen abgelagert.

Herz- und Gefäßkrankheiten, aber auch einige Krebsarten werden ebenfalls mit dem überhöhten Fleischverzehr in Verbindung gebracht. Zudem neigen ausgeprägte Fleischesser auch eher zu Übergewicht als Menschen, die sich überwiegend von Gemüse und Getreide ernähren.

2. Die Fleischqualität

Die Qualität fast aller Fleischsorten hat sich in den letzten Jahren erheblich verschlechtert. Moderne Mastmethoden mit dem Einsatz von Hormonen und Antibiotika haben zwar zu einem reichlichen, im Vergleich zu früheren Zeiten sogar recht preiswerten Angebot geführt. Geschmack und gesundheitlicher Wert des Fleisches haben aber durch die industrielle Produktion Schaden genommen. Nur noch wenige Tierarten werden natürlich und artgerecht aufgezogen.

3. Der Geldbeutel

Fleisch galt lange als Statussymbol; wer genug Geld hatte, konnte sich auch alltags einen Braten erlauben. Inzwischen ißt jeder Bundesbürger so viel Fleisch, daß Ernährungsfachleute von »Eiweißmast« sprechen. Wer Fleisch von seinem täglichen Speisezettel streicht, kann bis zu einem Drittel seiner Ausgaben für Lebensmittel sparen und dabei trotzdem vorzüglich essen.

4. Die Welternährung

Die ungleiche Verteilung von Lebensmitteln zwischen den armen und reichen Nationen ist ein Weltproblem. Reiche Länder verbrauchen zu Lasten hungernder Völker riesige Mengen von pflanzlichen Lebensmitteln, um Vieh damit zu mästen. Heute sind wir in der absurden Situation, daß die Produktion von Schweinefleisch in der Bundesrepublik immer noch zunimmt, obwohl der Absatz längst sinkt. Nach den Butterbergen und Milchseen haben wir nun auch Fleischberge in unseren Kühlhäusern. Wenn in Zukunft immer weniger Fleisch gekauft wird, werden sich die Produzenten darauf einstellen müssen, einfach weil ihre Gewinne sinken. Das könnte auf längere Sicht zu einer gerechteren Verteilung von Lebensmitteln innerhalb der Welt führen und sehr wahrscheinlich auch zu einer verbesserten Qualität von Fleisch, weil bei geringer Nachfrage nur noch gutes Fleisch eine Absatzchance hat.

Nicht allein die Menge macht's

Für unseren Eiweißbedarf spielt die Qualität eine größere Rolle als die Menge. Ein Protein (Nahrungseiweiß) ist dann hochwertig, wenn der Körper möglichst viel eigenes Eiweiß daraus aufbauen kann. Eiweiß ist je nach Sorte aus vielen verschiedenen Einzelteilen aufgebaut. Im Fleisch ist die Zusammensetzung anders als in Hülsenfrüchten oder in Getreide. Bei der Verdauung zerlegt der Körper ein Protein in seine Einzelteile und setzt es zu neuem körpereigenem Eiweiß wieder zusammen. Von dem Protein aus Eiern kann der Körper am meisten profitieren, an zweiter Stelle steht Milcheiweiß, erst an dritter Stelle kommt das von Rindfleisch. Tierisches Eiweiß ist ohne Frage qualitativ sehr gut. Besser jedoch für eine vollwertige Ernährung ist die Kombination von verschiedenen pflanzlichen und tierischen Nahrungsmitteln. Optimale Kombinationen sind:

Kartoffeln und Ei oder/und Milch
Hülsenfrüchte und Getreide
Milch und Getreide
Hülsenfrüchte und Nüsse/Samen

Was hier so theoretisch aussieht, als müsse man sein Essen nun ständig perfekt planen, ist im Alltag absolut problemlos, denn allein aus geschmacklichen Gründen finden sich in den meisten Rezepten tierische und pflanzliche Zutaten in günstiger Zusammenstellung.

Nach neueren Erkenntnissen ist ein Erwachsener mit etwa 35 bis 50 Gramm Eiweiß pro Tag gut versorgt, wenn er abwechslungsreich ißt. Gerade beim Essen gilt nicht: »Viel hilft viel«, im Gegenteil. Der Körper hat einen bestimmten Bedarf an Nährstoffen. Bekommt er davon mehr, als er braucht, wird der Mensch nicht »besonders« gesund, sondern seine Leistungskraft läßt eher nach. Gerade bei den Grundnährstoffen Fett, Eiweiß und Kohlenhydraten ist dies trotz der großen Anpassungsfähigkeit des Körpers leicht nachzuweisen. Wer zuviel Fett ißt, wird selber fett – und eventuell krank. Wer zuviel Kohlenhydrate (besonders in Form von Süßigkeiten) verputzt, muß ebenfalls mit gesundheitlichen Nachteilen rechnen. Ebenso ist es mit dem Eiweiß, zuviel belastet den Körper. In den Rezepten dieses Buches ist der Gehalt an pflanzlichem und tierischem Eiweiß genau angegeben. Ein Blick auf den Eiweißgehalt eines Gerichts genügt, um sich zu vergewissern, ob der Bedarf gedeckt wird. Wer also beim Mittagessen ein eiweißarmes Hauptgericht gewählt hat, nimmt ein eiweißreiches Dessert zum Nachtisch oder trinkt zusätzlich ein Glas Milch. Keine Angst, auch wenn Sie mehrere Tage lang jeweils nur knapp 35 Gramm Eiweiß verzehren, ist Ihre Proteinversorgung gesichert. Eine Grundregel sollten Sie aber beachten, sowohl aus kulinarischen als auch gesundheitlichen Gründen: Je vielseitiger Sie essen, desto sicherer können Sie sein, daß alle wichtigen Nährstoffe enthalten sind.

Viel pflanzliches Eiweiß liefern die folgenden Lebensmittel. In 100 Gramm sind im Durchschnitt enthalten:

Getreide
Weizen 12 g
Roggen 11,5 g
Hafer 15 g
Hirse 10,5 g
Buchweizen 10 g
Grünkern 11,5 g

Hülsenfrüchte
Bohnen 21 g
Kichererbsen 20 g
Erbsen 23 g
Linsen 23,5 g

Nußkerne
Haselnuß 14 g
Walnuß 14 g
Erdnuß 26,5 g
Cashew 17,5 g
Paranuß 14 g
Pekannuß 12 g
Mandeln 18 g
Kokosnuß 4 g

Samen
Mohn 20 g
Sesam 20 g
Leinsamen 25 g
Sonnenblumenkerne 27 g
Kürbiskerne 32 g

Soja
Sojabohnen 37 g
Pflanzenfleisch 13,5 g
Tofu (Sojabohnenquark) 5 g
Vollsojamehl 37,5 g

Wo kriegt man nur die Zutaten?

Beim Lesen der Rezepte werden Ihnen vielleicht einige Lebensmittel unbekannt sein. Geben Sie nicht gleich auf, wenn Sie bestimmte Getreidesorten oder Sojaprodukte nicht bei Ihrem Kaufmann finden. Kleinere Lebensmittelgeschäfte bestellen Ihnen sicher gern Getreidegrützen und dunkles Mehl, wenn Sie darum bitten. Sojaprodukte gibt es in Reformhäusern und grünen Läden. Hier ist man auf Sonderwünsche eingestellt, und die Kunden werden fachgerecht beraten. Wenn kein gut sortierter Gemüseladen in Ihrer Nähe ist, halten Sie sich an die Wochenmärkte. Auch hier können Sie den Gemüse- oder Kräuterhändler bitten, daß er Ihnen zum nächsten Markttag die gewünschten Zutaten mitbringt.

1

Gemüse

Ob gedünstet, geschmort, fritiert oder überbacken, bei diesen Rezepten spielt Gemüse die Hauptrolle.
Die große Auswahl macht es leicht, für jede Jahreszeit und jeden Geschmack das Richtige zu finden.

Geschmortes Gemüse mit Kräutercreme

1 große Gemüsezwiebel, 1 Fenchelknolle, 500 g Zucchini, 2 Auberginen, 500 g Tomaten, je 1 rote und grüne Paprikaschote, 6 Eßl. Öl, Salz, frisch gemahlener Pfeffer, 2 Teel. Oregano, 1 Zitrone, 3 Eßl. trockener Weißwein, 200 g Kräuterfrischkäse, 1 Becher saure Sahne (150 g), 1/8 l Milch. Für 4 Portionen

Zwiebel abziehen und in Scheiben schneiden. Fenchel putzen, waschen und in schmale Spalten teilen. Zucchini in Stifte, Auberginen in Stücke schneiden. Tomaten mit kochendem Wasser übergießen, abziehen und vierteln. Paprikaschoten putzen, in Streifen schneiden. Öl im Schmortopf erhitzen. Das Gemüse dazugeben. Salz, Pfeffer, Oregano, Zitronensaft, Wein und eine Tasse Wasser zufügen. Den Topf schließen. Das Gemüse bei kleiner Hitze 40 Minuten schmoren. Frischkäse mit saurer Sahne und Milch verrühren. Mit Salz und Pfeffer abschmecken. Auf jede Portion einen Löffel Kräutercreme geben. (Pro Portion ca. 550 Kalorien/2302 Joule; pflanzliches Eiweiß: 6 g, tierisches Eiweiß: 9 g)

Zuckererbsen mit Käsesahne

1 kg Zuckererbsen, Salz, 1 Zwiebel, 20 g Butter oder Margarine, 1/2 Becher Schlagsahne (125 g), 100 g Sahneschmelzkäse, frischgemahlener Pfeffer, 1 Kästchen Kresse. Für 4 Portionen

Zuckererbsen putzen und in wenig Salzwasser zehn Minuten kochen. Zwiebeln abziehen und fein würfeln. In zerlassenem Fett glasig dünsten. Schlagsahne und Schmelzkäse in Flöckchen zufügen. Bei mittlerer Hitze rühren, bis der Käse sich aufgelöst hat. Zuckererbsen in einer Schüssel anrichten und mit Käsesahne übergießen. Mit Pfeffer und Kresse bestreut servieren. (Pro Portion ca. 415 Kalorien/1737 Joule; pflanzliches Eiweiß: 13 g, tierisches Eiweiß: 4 g)

Aioli mit Gemüse

4 Knoblauchzehen, 1 Teel. Senf, Salz, 1 Eigelb, 200 ccm Öl, 1 Becher Crème fraîche (200 g), 2 Teel. Tomatenmark, 1/2 Teel. Sambal Oelek (oder 1 Prise Cayennepfeffer), 1 Päckchen Tiefkühl-Kräutermischung, etwas Zitronensaft, frisch gemahlener Pfeffer, 1 kg Kartoffeln, 3 Zwiebeln, 2 grüne und 1 rote Paprikaschote, 500 g Möhren, 1 Staudensellerie, 6 Eier, 2 Bund Lauchzwiebeln. Für 6 Portionen

Für die Aioli zerdrückte Knoblauchzehen mit Senf, Salz und Eigelb verrühren. Das Öl unter ständigem Rühren mit dem Handrührgerät dazugeben. Eigelb und Öl müssen die gleiche Temperatur haben, sonst gerinnt die Soße. Zuletzt Crème fraîche unterrühren. Die Aioli in drei Portionen teilen. Einen Teil mit Tomatenmark und Sambal Oelek würzen. Unter die zweite Portion die Kräutermischung rühren. Den Rest mit Zitronensaft und grob gemahlenem Pfeffer abschmecken.

Die Kartoffeln mit Schale in Salzwasser 20 Minuten kochen. Die Schale abziehen. Die abgezogenen Zwiebeln in Ringe, geputzte Paprikaschoten in Streifen schneiden. Möhren schälen, eventuell der Länge nach halbieren und in wenig Salzwasser 15 Minuten kochen. Sellerie waschen und in Stücke schneiden. Die letzten sechs Minuten mitkochen. Abtropfen lassen. Eier hart kochen, schälen und halbieren. Lauchzwiebeln putzen und eine Minute in kochendes Salzwasser legen. Alle Zutaten auf einem großen Teller anrichten. Die drei Soßen in Schälchen dazustellen. (Pro Portion ca. 750 Kalorien/3140 Joule; pflanzliches Eiweiß: 6 g, tierisches Eiweiß: 8 g)

Dazu: Geröstetes Mischbrot

Handelsklassen

Auf den Preisschildern sind bei Gemüse und Obst die EG-Qualitätsnormen oder deutsche Handelsklassen angegeben. Neben dem Kilopreis steht dort noch »Extra, I, II oder III«. Diese Angaben sagen dem Käufer leider nur etwas über die äußere Beschaffenheit der Waren, nämlich über Größe, Gewicht pro Stück und die makellose Schale, leider jedoch nichts über Geschmack und Nährwert. In guten Gemüseläden oder beim Bauern auf dem Markt bekommt man mit etwas Glück auch Auskünfte über den Geschmack und die Kocheigenschaften der einzelnen Sorten. Grundsätzlich gilt: Freilandgemüse sind aromatischer und nährstoffreicher als Treibhaussorten. Am besten zuerst eine kleine Menge zur Probe kaufen (besonders bei Kartoffeln) und sich die Sorte merken, das bietet Sicherheit, was den Geschmack angeht. Wie es jedoch mit den Nährstoffen steht, ist leider auch durch Probieren nicht festzustellen.

Gemüsesuppe mit Butterklößchen

1 1/2 l Brühe, 1 Paket Tiefkühl-Suppengemüse (300 g), 1 Lorbeerblatt, 2 Bund Petersilie, 40 g Butter, 2 Eier, 6 Eßl. Weizenmehl (Type 1050), Salz, Muskat. Für 4 Portionen

Brühe in einem großen Topf erhitzen und das Suppengemüse mit dem Lorbeerblatt zufügen. Auf kleiner Hitze 15 Minuten kochen. Petersilie waschen, abtrocknen und grob hacken. Butter schaumig rühren, Eier unterschlagen. Mehl, Salz und Muskat zufügen. Mit zwei Teelöffeln kleine Klößchen formen und in die leicht kochende Suppe geben. Etwa acht bis zehn Minuten mitgaren. Die Suppe mit Petersilie bestreut servieren. (Pro Portion ca. 225 Kalorien/942 Joule; pflanzliches Eiweiß: 4 g, tierisches Eiweiß: 5 g)

Süß-saure Gemüsesuppe mit Chinamorcheln

50 g getrocknete Chinamorcheln (Mu-Err Pilze), 750 g gemischtes Gemüse (z. B. Möhren, Blumenkohl, Sellerie, Fenchel, Kohlrabi), $1^1/_2$ l Brühe, 2 Eßl. Perlgraupen, Zitronensaft, Sojasoße, frisch gemahlener Pfeffer, 1 Becher Sahnedickmilch (200 g). Für 4 Portionen

Die getrockneten Pilze mindestens zwei Stunden oder auch über Nacht in kaltem Wasser einweichen. Herausnehmen und abtropfen lassen. Unter fließendem Wasser abspülen und abgetropft in schmale Streifen schneiden. Das Gemüse waschen, putzen und kleinschneiden. Morcheln, Brühe und Gemüse zum Kochen bringen. Graupen zufügen und die Suppe etwa 20 Minuten bei mittlerer Hitze kochen. Mit Zitronensaft, Sojasoße und Pfeffer sehr kräftig abschmecken. Auf jede Portion einen Eßlöffel Sahnedickmilch geben. (Pro Portion ca. 175 Kalorien/733 Joule; pflanzliches Eiweiß: 7 g; tierisches Eiweiß: 2 g)

Dazu: In Butter geröstete Brotwürfel

Glasierte Möhren

500 g kleine Möhren, Salz, 30 g Butter oder Margarine, 1 Eßl. Zuckerrübensirup, frisch gemahlener Pfeffer. Für 2 Portionen

Möhren putzen, waschen und in Stücke schneiden. Sehr kleine Möhren ganz lassen. Mit einem Achtelliter Salzwasser in einen Topf geben. 15 Minuten im geschlossenen Topf bei kleiner Hitze dünsten. Herausnehmen und abtropfen lassen. In zerlassenem Fett ohne Deckel zwei Minuten braten, damit die restliche Flüssigkeit verdampft. Rübensirup darüberträufeln und unter Wenden schmoren, bis die Möhren braun glänzend sind. Mit Salz und frisch gemahlenem Pfeffer nachwürzen. (Pro Portion ca. 230 Kalorien/963 Joule; pflanzliches Eiweiß: 2 g)

Dazu: Paniertes Tofu und Salat

Pilzsuppe mit Erbsen

500 g Champignons oder andere frische Pilze, 2 Eßl. Öl, 150 g frische Palerbsen (ersatzweise 1/2 Paket Tiefkühl-Erbsen), 1 l Brühe, Salz, frisch gemahlener Pfeffer, 1 Bund Basilikum. Für 6 Portionen

Champignons kurz waschen, putzen und in mundgerechte Stücke schneiden. In heißem Öl kräftig anbraten und dabei gelegentlich rühren. Erbsen und Brühe zufügen und bei kleiner Hitze etwa zehn Minuten kochen. Mit Salz und Pfeffer würzen und mit gehacktem Basilikum bestreut servieren. (Pro Portion ca. 90 Kalorien/377 Joule; pflanzliches Eiweiß: 4 g; tierisches Eiweiß: 1 g)

Dazu: Roggenbrötchen

Welche Brühe?
In den Rezepten ist jeweils nur ganz allgemein Brühe angegeben. Welche Sorte man wählt, ob selbstgekochte Geflügel- oder Fleischbrühe, ob Instantprodukte oder Würfel, bleibt jedem selbst überlassen. Wer ganz vegetarisch leben möchte, wird sich für Gemüsebrühe entscheiden. Die gibt es von verschiedenen Herstellern in Gläsern oder Dosen in grünen Läden und in Reformhäusern. Gemüsebrühe läßt sich natürlich auch sehr gut selbst zubereiten, sie wird jedoch im Geschmack nicht so kräftig wie eine Fleischbrühe.

Weißkohl in Dillsahne

1 kleiner Weißkohl, 2 Zwiebeln, 3 Eßl. Öl, Salz, frisch gemahlener Pfeffer, 1/2 Becher Schlagsahne (125 g), 50 g Doppelrahm-Frischkäse, 2 Bund Dill. Für 3 Portionen

Weißkohl putzen, waschen und in schmale Streifen schneiden. Zwiebeln abziehen und würfeln. Öl in einem Topf erhitzen. Kohl und Zwiebeln darin unter Wenden anschmoren. Salz, Pfeffer und Schlagsahne zufügen und im geschlossenen Topf bei kleiner Hitze 15 bis 20 Minuten schmoren. Frischkäse in

Flöckchen und feingehackten Dill zufügen und unterrühren. (Pro Portion ca. 350 Kalorien/1465 Joule; pflanzliches Eiweiß: 3 g, tierisches Eiweiß: 3 g)

Dazu: Gebratene ganze Kartoffeln

Scharfe Paprikasuppe

250 g Zwiebeln, 5 Paprikaschoten, 2 Eßl. Öl, 2 Eßl. Edelsüß-Paprika, 2 Eßl. Tomatenmark, Tabasco (oder Cayennepfeffer), 1 l Brühe, 1 Becher Sahnedickmilch. Für 3 Portionen

Zwiebeln abziehen und in Scheiben schneiden. Paprika putzen und in schmale Streifen schneiden. In einem großen Topf das Öl erhitzen. Zwiebeln und Paprika zufügen und etwa zehn Minuten unter häufigem Wenden dünsten. Edelsüß-Paprika darüberstäuben, umrühren. Tomatenmark, Tabasco und Brühe zufügen und etwa 15 Minuten bei kleiner Hitze kochen. Jede Portion mit einem gehäuften Eßlöffel Dickmilch servieren. (Pro Portion ca. 265 Kalorien/1109 Joule; pflanzliches Eiweiß: 4 g)

Dazu: Weizenbrot

Gemüsebrühe

Für zwei Liter Brühe braucht man etwa ein Kilo möglichst frisches Gemüse. Nehmen Sie Möhren, Porree, Petersilienwurzeln, Knollen- oder Staudensellerie, eventuell Weißkohl oder Kohlrabi. Kohl vorsichtig dosieren, er schmeckt stark vor. Wer Knoblauch mitkochen möchte, sollte die Zehen nicht abziehen, sonst wird der Geschmack zu vordringlich. Zum Würzen eignen sich Lorbeerblätter, Dillsamen, Estragon und Thymian. Nach etwa einer Stunde Kochzeit hat das Gemüse seinen Geschmack und eine Menge Mineralstoffe abgegeben. Dann die Brühe durchsieben und kalt stellen. Achtung: Gemüsebrühen sind leicht verderblich und gehen schnell in Gärung über. Nicht länger als drei Tage zugedeckt im Kühlschrank aufheben.

Pilzterrine

20 g getrocknete Morcheln, 250 g Austernpilze, 500 g Champignons, 2 Zwiebeln, 2 Möhren, je 1 Bund Schnittlauch und Petersilie, 40 g Butter oder Margarine, Zitronensaft, Salz, frisch gemahlener Pfeffer, 200 g mittelalter Goudakäse, 5 Eier. Für 8 Portionen

Die Morcheln unter fließendem kaltem Wasser abspülen. In einem kleinen Gefäß mit wenig Wasser bedeckt eine Stunde quellen lassen. Austernpilze und Champignons putzen und kurz waschen. Abtrocknen und in Scheiben schneiden. Zwiebeln abziehen und würfeln. Möhren schälen und grob raspeln. Schnittlauch und Petersilie waschen, abtrocknen und grob hacken. Fett in einer großen Pfanne zerlassen und die Pilze, Zwiebeln und Möhren unter häufigem Wenden portionsweise kurz andünsten. Falls sich zuviel Flüssigkeit bildet, die Kochtemperatur erhöhen, damit die Feuchtigkeit verdampft. Mit Zitronensaft, Salz und Pfeffer würzen. Goudakäse reiben und mit den Kräutern und Eiern verschlagen. Morcheln auf einem Sieb abtropfen lassen und die Flüssigkeit auffangen. Fünf Eßlöffel davon unter die Eimischung rühren. Die abgekühlte Pilz-Gemüsemischung in eine ofenfeste Form geben. Eimasse und Morcheln zufügen. Mit einer Gabel durchmischen, damit sich keine Luftblasen bilden. Die Form mit einem Deckel oder mit Alufolie verschließen. Die Fettpfanne des Backofens etwa drei Zentimeter hoch mit heißem Wasser füllen. Die Form hineinsetzen und in den Backofen schieben. Auf 200 Grad/Gas Stufe 3 schalten und die

Nährwert der Pilze

Alle Pilzsorten sind kalorienarm und trotzdem sehr sättigend. Im Durchschnitt enthalten sie etwa 90 Prozent Wasser, drei Prozent Eiweiß und knapp vier Prozent Kohlenhydrate. 100 Gramm frische Pilze haben nur etwa 37 Kalorien. Pilzeiweiß ist wertvoll, deshalb eignen sich alle eßbaren Pilzsorten sehr gut zur Ergänzung von Kartoffel- und Getreidegerichten. Übrigens: Zuchtpilze, wie Champignons und Austernpilze, sind nicht cadmiumbelastet.

Terrine eine Stunde und 45 Minuten garen. Das Wasser in der Fettpfanne nachfüllen, falls zuviel verdampft ist. (Pro Portion ca. 230 Kalorien/963 Joule; pflanzliches Eiweiß: 3 g, tierisches Eiweiß: 10 g)

Geschmortes Gemüse mit Walnüssen

500 g Kartoffeln, 250 g Zwiebeln, 1 kg Auberginen, 500 g Zucchini, 500 g Fleischtomaten, je 1 Bund glatte Petersilie und Bohnenkraut, Salz, frisch gemahlener Pfeffer, 3 Eßl. Öl, 30 g Walnußkerne. Für 4 Portionen

Kartoffeln schälen und in grobe Stücke schneiden. Zwiebeln abziehen und würfeln. Auberginen und Zucchini waschen und in Scheiben schneiden. Tomaten mit kochendem Wasser übergießen und die Haut abziehen. Tomaten vierteln. Kartoffeln, Zwiebeln, Auberginen und Zucchini mit den Tomaten abwechselnd in einen Schmortopf schichten. Gewaschene Petersilie und Bohnenkraut fein hacken und zusammen mit Salz und Pfeffer über das Gemüse streuen. Das Öl darüberträufeln und die gehackten Walnüsse darüber verteilen. Den Topf mit einem Deckel gut verschließen, eventuell mit Alufolie nachhelfen. Auf kleinster Hitze eine Stunde schmoren, dabei den Topf nicht öffnen. (Pro Portion ca. 360 Kalorien/1507 Joule; pflanzliches Eiweiß: 9 g)

Dazu: Saure Sahne

Kürbisgemüse mit Senfsahne

1 kg Kürbisfleisch (etwa 1,2 kg mit Schale), 100 g Champignons, 1 Zwiebel, 4 Eßl. Öl, 2 Eßl. Weißwein (ersatzweise Brühe oder Wasser), Salz, frisch gemahlener Pfeffer, 1 Prise Piment, 1 Becher Crème fraîche, 2 Teel. grober Senf, 1/2 Teel. Honig, 1 Kästchen Kresse. Für 4 Portionen

Kürbis schälen, entkernen und in zwei Zentimeter große Würfel schneiden. Champignons putzen, waschen und fein hacken,

Zwiebel abziehen und ebenfalls fein hacken. Champignons und Zwiebel in heißem Öl drei Minuten dünsten. Kürbiswürfel und Wein zufügen und im geschlossenen Topf bei kleiner Hitze 20 Minuten dünsten. Mit Salz, Pfeffer und Piment würzen. Crème fraîche mit Senf und Honig verrühren und mit Salz und Pfeffer abschmecken. Kürbisgemüse mit der Senfsahne anrichten und mit Kresse bestreut servieren. (Pro Portion ca. 325 Kalorien/1360 Joule; pflanzliches Eiweiß: 4 g, tierisches Eiweiß: 1 g)

Dazu: Pellkartoffeln

Spinatkuchen

Je 125 g Weizenmehl Type 550 und Type 1700, 1/2 Päckchen Trockenhefe, 1 Eigelb, 50 g Margarine, 1 gestrichener Teel. Salz, 1 Möhre, 1 Eßl. Öl, 500 g Spinat, 30 g Butter, 30 g Mehl, 1/4 l Milch, 2 Eier, 2 Ecken Schmelzkäse (125 g), Salz, frisch gemahlener Pfeffer, Fett für die Form. Für 4 Portionen

Für den Teig die beiden Mehlsorten mit der Hefe mischen. Eigelb, Margarine in Flöckchen, Salz und ein Achtelliter lauwarmes Wasser zufügen. Mit den Knethaken des Handrührgeräts zu einem weichen, elastischen Teig verkneten. Zugedeckt etwa 30 Minuten an einem warmen Ort gehen lassen. Inzwischen für den Belag die Möhre schälen und grob raspeln. In einem großen Topf in Öl fünf Minuten andünsten. Spinat verlesen, waschen und zu den Möhrenraspeln in den Topf geben. Auf große Hitze schalten, Topf schließen und drei Minuten kochen, bis der Spinat zusammengefallen ist. Butter in einem zweiten Topf erhitzen. Mehl zufügen und kurz andünsten. Milch nach und nach einrühren. Die Soße bei kleiner Hitze zwei Minuten kochen lassen, dabei ab und zu umrühren. Eier verquirlen und mit drei Eßlöffel heißer Soße mischen. Die Mischung mit dem Schmelzkäse in Flöckchen in die Soße rühren. Abgetropften Spinat unterheben. Mit Salz und Pfeffer kräftig abschmecken. Eine Springform (Durchmesser 26 Zentimeter) fetten und mit dem

Hefeteig auslegen. Mehrmals mit einer Gabel einstechen. Die Spinatfüllung darauf verteilen, in den Backofen schieben, auf 200 Grad/Gas Stufe 3 schalten. Den Kuchen etwa 50 Minuten backen, eventuell nach 30 Minuten mit Pergamentpapier abdecken. (Pro Portion ca. 620 Kalorien/2595 Joule; pflanzliches Eiweis: 11 g; tierisches Eiweiß: 6 g)

Tiefkühlgemüse
Kältekonserviertes Gemüse ist im Winter die beste Alternative zu frischem Gemüse. Es ist eine gute Vitamin- und Mineralstoffquelle, denn Vitamin C bleibt beim Tiefkühlen optimal erhalten. Die B-Vitamine und das Eisen können besonders gut vom Körper verwertet werden. Außerdem hat Gefriergemüse leuchtende, appetitanregende Farben. Es ist jedoch nicht durch Zusatzstoffe so schön bunt, sondern weil es vor dem Einfrieren kurz in kochendes Wasser getaucht wird. So bleiben die natürlichen Farben gut erhalten.

Buntes Gemüse mit Ei

500 g grüne Bohnen, 1 große Zwiebel, 2 Knoblauchzehen, 500 g Fleischtomaten, 1 grüne Paprikaschote, 1 Staudensellerie, 5 Eßl Öl, 1 l trockener, weißer Wermutwein, 1 Prise Zucker, Salz, frisch gemahlener Pfeffer, 1 Zweig frischer Thymian (ersatzweise 1 Teel. getrockneter), 1 Bund Petersilie, 4 Eier, 1 Eßl. Oliven, 1 Eßl. Kapern. Für 4 Portionen

Die Bohnen an beiden Enden abschneiden. Zwiebel abziehen, in Ringe schneiden. Knoblauch abziehen und zerdrücken. Tomaten waschen und in Stücke schneiden. Paprikaschote vierteln, entkernen und in Streifen schneiden. Sellerie in schmale Stücke schneiden. Öl in einem großen Topf erhitzen, das Gemüse unter vorsichtigem Wenden darin andünsten. Wein, Zucker, Salz und Pfeffer zufügen. Thymian vom Stiel zupfen und untermischen. Bei kleiner Hitze 20 Minuten im geschlossenen Topf dünsten. Inzwischen Petersilie hacken, die Eier hart kochen. Oliven halbieren, entsteinen, eventuell sehr fein hacken. Falls sich viel

Flüssigkeit gebildet hat, das Gemüse ohne Deckel bei großer Hitze noch zwei Minuten kochen. Petersilie, Oliven, gehackte Eier und Kapern untermischen. (Pro Portion ca. 375 Kalorien/1570 Joule; pflanzliches Eiweiß: 6 g, tierisches Eiweiß: 7 g)

Dazu: Kartoffeln und Tomatensoße

Möhrengemüse mit gemahlenen Walnüssen

700 g junge Möhren, Salz, 40 g Butter oder Margarine,
50 g gemahlene Walnüsse, 1 Teel. Zucker. Für 4 Portionen

Möhren waschen und putzen. Schaben oder eventuell schälen. Die ganzen Möhren in wenig leicht gesalzenem Wasser 20 Minuten kochen. Fett in einer Pfanne zerlassen. Walnüsse und Zucker zufügen und unter Rühren bräunen. Die gut abgetropften Möhren zufügen und unter häufigem Wenden einige Minuten erhitzen. Mit Salz nachwürzen. (Pro Portion ca. 220 Kalorien/921 Joule; pflanzliches Eiweiß: 3 g)

Dazu: Kartoffelbrei

Orangen-Sauerkraut

3 Zwiebeln, 40 g Butterschmalz oder Margarine, 750 g Sauerkraut,
1 – 2 kleine Blutorangen, 2 Teel. milder Senf, Salz, 2 Nelken,
1 – 2 Teel. Honig. Für 5 Portionen

Zwiebeln abziehen und fein würfeln. In heißem Fett bei kleiner Hitze glasig dünsten. Das Sauerkraut mit zwei Gabeln lockern und zufügen. Kurz mitdünsten. Blutorangen auspressen und den Saft mit Senf, Salz und Nelken zum Sauerkraut geben. 15 bis 20 Minuten im geschlossenen Topf bei kleiner Hitze dünsten. Mit Salz und Honig nachwürzen. (Pro Portion ca. 150 Kalorien/628 Joule; pflanzliches Eiweiß: 3 g)

Dazu: Kartoffelpüree

Artischocken mit Kräuterdip

3 große Artischocken, Salz, 1 Zitrone, 1 Becher Crème fraîche (200 g), 1 Eßl. Öl, 1 Knoblauchzehe, je 1 Bund Petersilie, Schnittlauch und Zitronenmelisse, frisch gemahlener Pfeffer. Für 3 Portionen

Artischockenstengel mit den unteren Blättern abschneiden. Die harten Spitzen der Blätter mit einer Küchenschere kürzen. In einem großen Topf Salzwasser mit Zitronenscheiben zum Kochen bringen. Artischocken darin etwa 40 Minuten kochen. Sie sind gar, wenn sich ein Blatt beim Abzupfen leicht lösen läßt. Für den Dip die Crème fraîche mit Öl glattrühren. Knoblauch abziehen und zerdrücken. Kräuter waschen, trockentupfen und fein hacken. Mit Salz, Pfeffer und Knoblauch unter die Creme mischen. Artischocken mit dem Stielansatz nach oben abtropfen lassen und mit dem Dip anrichten. (Pro Portion ca. 380 Kalorien/1580 Joule; pflanzliches Eiweiß: 6 g, tierisches Eiweiß: 2 g)

Dazu: Roggenbaguette oder getoastetes Mischbrot

So ißt man Artischocken
Zuerst die Blätter nach und nach abzupfen, in den Dip tauchen und den fleischigen Teil der Blätter mit den Zähnen abstreifen. Die harten Blattreste beiseite legen. Wenn alle Blätter gegessen sind, das ungenießbare Heu vom Boden abheben. Den Boden (er ist der köstlichste Teil der Artischocke) mit Messer und Gabel essen.

Steckrübenauflauf

1 Steckrübe (etwa 1 kg), Salz, 2 Eßl. Apfelkraut, 3 Eier, 3 Eßl. Semmelbrösel, 1/2 Becher Crème fraîche (75 g), je eine Prise Piment und Muskatblüte, Fett für die Form, 20 g Butter oder Margarine. Für 4 Portionen

Steckrübe waschen, in dicke Scheiben schneiden, schälen und würfeln. In wenig Wasser mit Salz bei kleiner Hitze etwa 40 Minuten garen. Steckrübe abgießen, zerstampfen oder im Mixer pürieren. Apfelkraut, Eier, Semmelbrösel und Crème fraîche unterrühren. Mit Salz, Piment und Muskatblüte würzen und in eine gefettete, ofenfeste Form füllen. Mit Fettflöckchen belegen. In den Backofen schieben, auf 180 Grad/Gas Stufe 2 schalten und etwa eine Stunde backen. (Pro Portion ca. 290 Kalorien/1214 Joule; pflanzliches Eiweiß: 3 g, tierisches Eiweiß: 6 g)

Den Backofen ausnutzen!
Bei Gerichten mit sehr langen Garzeiten im Backofen wird viel Energie verbraucht. Deshalb sollte man gleichzeitig Zutaten für eine der nächsten Mahlzeiten mitgaren. Ganze rote Bete oder große Gemüsezwiebeln zum Beispiel lassen sich ungeschält in Folie verpackt gleich mitgaren. Beide Gemüsesorten brauchen etwa eine Stunde im Backofen. Gegart halten sie sich im Kühlschrank drei bis vier Tage frisch.

Fenchel mit Kräutern und Käse

6 kleine oder 3 große Fenchelknollen, Salz, 1 Zitrone, 4 Scheiben Weißbrot ohne Rinde, 1/8 l Milch, 1 Bund gemischte Kräuter, frisch gemahlener Pfeffer, 2 Eßl. gemahlene Haselnüsse, 150 g junger Goudakäse in Scheiben. Für 3 Portionen

Geputzte Fenchelknollen im ganzen (große Knollen halbieren) in Salzwasser mit etwas Zitronensaft 20 Minuten kochen. Abtropfen lassen. Zerbröckeltes Brot mit heißer Milch übergießen und gründlich durchkneten. Die Kräuter waschen, abtrocknen und fein hacken. Mit abgeriebener Zitronenschale, Pfeffer und Nüssen mischen. Mit Salz abschmecken. Auf jede Fenchelknolle etwa einen halben Eßlöffel Kräuterfüllung häufen. Mit Käsescheiben belegen. Unter dem vorgeheizten Grill oder im Backofen bei 250 Grad/Gas Stufe 5 überbacken. (Pro Portion ca. 510 Kalorien/2135 Joule; pflanzliches Eiweiß: 10 g, tierisches Eiweiß: 11 g)

Glasierte Teltower Rübchen

1 kg Teltower Rübchen, 30 g Butter, 75 g Zuckerrübensirup, frisch gemahlener Pfeffer, 1/2 Zitrone, Salz. Für 4 Portionen

Die Teltower Rübchen sehr dünn schälen. Große Rüben der Länge nach halbieren. Die Butter in einem Topf zerlassen. Rüben, Sirup, Pfeffer, Zitronensaft, Salz und einen Achtelliter Wasser zugeben. Im geschlossenen Topf bei mittlerer Hitze 15 Minuten kochen. Im offenen Topf unter häufigem, vorsichtigem Wenden so lange weiterkochen, bis die Flüssigkeit verdampft ist und die Rüben eine glänzende Oberfläche haben. (Pro Portion ca. 210 Kalorien/879 Joule; pflanzliches Eiweiß: 3 g)

Dazu: Kartoffeln und gebratenes Sojafleisch

Dicke Bohnen mit Frischkäse

1,5 kg dicke Bohnen in Schoten (etwa 700 g Bohnenkerne), 2 Bund Lauchzwiebeln, 1 Knoblauchzehe, 4 Eßl. Öl, je 1/4 l Brühe und trockener Weißwein, 200 g französischer Kräuterfrischkäse. Für 4 Portionen

Bohnenkerne aus den Schoten lösen und waschen. Lauchzwiebeln putzen, waschen und in ein Zentimeter lange Stücke schneiden. Knoblauch abziehen und zerdrücken. Das Öl in einem Topf erhitzen. Zuerst Zwiebeln und Knoblauch darin unter Wenden glasig dünsten. Bohnen zufügen und kurz mit andünsten. Brühe und Wein zugießen. Im geschlossenen Topf 20 Minuten garen. Deckel abnehmen und die Flüssigkeit bei großer Hitze bis auf einen kleinen Rest verkochen lassen. Den Frischkäse zufügen und bei kleiner Hitze unter Rühren schmelzen lassen. (Pro Portion ca. 970 Kalorien/4060 Joule; pflanzliches Eiweiß: 38 g, tierisches Eiweiß: 6 g)

Dazu: Kartoffelpüree

Porree-Möhrentorte

250 g Weizenmehl (Type 1050), 150 g Margarine, Salz, Fett für die Form, 400 g Porree, 3 Möhren (etwa 200 g), 50 g Sonnenblumenkerne, 3 Eßl. Öl, 1 Becher Schlagsahne (200 g), 3 Eier, 75 g geriebener Käse, 1 Eßl. Semmelbrösel, frisch gemahlener Pfeffer. Für 6 Portionen

Mehl mit Margarine, einem Teelöffel Salz und drei bis vier Eßlöffel kaltem Wasser verkneten. Den Teig zugedeckt im Kühlschrank 30 Minuten ruhenlassen. Eine gefettete Springform (26 Zentimeter Durchmesser) mit dem Teig auslegen, dabei einen kleinen Rand formen. Den Teig mit einer Gabel mehrmals einstechen. In den Backofen schieben, auf 200 Grad/Gas Stufe 3 schalten und etwa 20 Minuten backen. Inzwischen den Porree putzen, waschen und in feine Ringe schneiden. Möhren schälen, waschen und grob raspeln. Sonnenblumenkerne in heißem Öl unter Rühren hellbraun anrösten. Porree und Möhren zufügen und fünf Minuten dünsten. Die Mischung leicht abgekühlt auf den vorgebackenen Teigboden füllen. Sahne mit Eiern, geriebenem Käse und Semmelbröseln verrühren. Mit Salz und Pfeffer würzen. Über das Gemüse auf den Teigboden gießen. Den Kuchen wieder in den Ofen schieben und bei 200 Grad/Gas Stufe 3 weitere 45 Minuten backen. Warm oder kalt servieren. (Pro Portion ca. 670 Kalorien/2805 Joule; pflanzliches Eiweiß: 9 g, tierisches Eiweiß: 7 g)

Schonend garen

Fast alle Gemüsesorten sind reich an wasserlöslichen und hitzeempfindlichen Vitaminen. Deshalb ist es wichtig, sie in wenig Wasser (oder Brühe) möglichst kurz zu garen. In Gemüse, das noch »Biß« hat, also nur gerade eben gar ist, sind die meisten Vitamine noch enthalten, und es sieht appetitlicher aus als zerkochtes Gemüse. Wichtig: Geputztes Gemüse nur kurz und gründlich waschen, auf keinen Fall im Wasser stehenlassen, sonst sind Mineralstoffe und Vitamine im Waschwasser und nicht mehr im Gemüse.

Fritierte Auberginen mit Knoblauchsoße

3 große Auberginen (etwa 700 g), Salz, 3 Eier, 100 ccm Milch, 100 g Weizenmehl (Type 1050), 1 Eßl. gehackte Mandeln, frisch gemahlener Pfeffer, 2 Bund Schnittlauch, 2 Knoblauchzehen, 2 Becher Joghurt (10 %), 2 Eßl. Mayonnaise, Fett zum Fritieren. Für 4 Portionen

Auberginen waschen und der Länge nach in etwa einen Zentimeter dicke Scheiben schneiden. Mit Salz bestreuen und etwa 30 Minuten stehenlassen. Inzwischen die Eier mit Salz, Milch, Weizenmehl und Mandeln verrühren. Mit Pfeffer würzen. Schnittlauch waschen, trockentupfen und in feine Röllchen schneiden. Knoblauchzehen abziehen und zerdrücken. Joghurt mit Mayonnaise, Knoblauch, Schnittlauch, Salz und Pfeffer verrühren. Die Auberginen mit Küchenkrepp trockentupfen. Nacheinander in den Teig tauchen und in heißem Fett goldbraun fritieren. (Die Temperatur des Fetts ist richtig, wenn an einem hineingetauchten Holzlöffelstiel kleine Blasen aufsteigen.) Die ausgebackenen Auberginenscheiben auf Küchenkrepp abtropfen lassen und mit der Knoblauchsoße servieren. (Pro Portion ca. 565 Kalorien/2365 Joule; pflanzliches Eiweiß: 5 g, tierisches Eiweiß: 14 g)

Dazu: Weizenmischbrot

Auberginen

Vor einigen Jahren waren sie noch ein recht exotisches Gemüse, heute findet man sie in jedem gut sortierten Supermarkt. Dieses dunkellila bis schwarze Gemüse hat kaum Abfall, denn beim Putzen wird nur der Stielansatz entfernt, die Schale kann mitgegessen werden. Auberginen sind roh nicht genießbar. Am besten schmecken sie gebraten oder geschmort. Leider nehmen sie wie ein Schwamm das Bratfett auf und sind deshalb nicht leicht verdaulich. Eine gute Methode, diesem Nachteil abzuhelfen, ist es, die rohen Auberginen in Scheiben geschnitten mit Salz zu bestreuen und 30 Minuten stehenzulassen. Dann mit einem Tuch oder Küchenkrepp den austretenden Saft abtupfen und dabei die Frucht etwas auspressen.

Gegrilltes Gemüse

2 Zucchini, 2 Auberginen, 250 g große frische Champignons, 1 Zitrone, 50 ccm Olivenöl, Selleriesalz, grob gemahlener Pfeffer, 1/2 Teel. getrocknete italienische Kräutermischung. Für 4 Portionen

Zucchini und Auberginen der Länge nach halbieren. Auberginen rautenförmig dreiviertel Zentimeter tief auf der Schnittfläche einschneiden. Die Stiele der Champignons kurz abschneiden. Zitrone auspressen. Zitronensaft, Olivenöl und Selleriesalz verrühren. Die Gemüseschnittflächen und die Champignons damit bestreichen. Auberginen mit grobgemahlenem Pfeffer, Zucchini mit Kräutern bestreuen. Zuerst auf der Schnittfläche auf starker Hitze grillen. Wenden, an den Rand schieben und zu Ende grillen. Zwischendurch das Gemüse hin und wieder mit der restlichen Marinade bestreichen. Grillzeit etwa 25 bis 30 Minuten. (Pro Portion ca. 200 Kalorien/837 Joule; pflanzliches Eiweiß: 5 g)

Dazu: Gegrillte Kartoffeln oder Brot

Auberginenmus mit Sesam

1 große Aubergine (500 g), 1 Knoblauchzehe, Salz, 1/2 Zitrone, 1/2 Becher Crème fraîche (75 g), 1/2 Teel. Kurkuma, frisch gemahlener Pfeffer, 2 Eßl. Sesam. Für 5 Portionen

Die Aubergine waschen, mit einer Gabel einstechen. Auf den Rost des Backofens legen und auf 175 Grad/Gas Stufe 2 schalten. Eine Stunde in der Schale backen, bis die Aubergine weich ist. Schale entfernen und Fruchtfleisch im Mixer pürieren. Mit zerdrücktem Knoblauch, Salz, Zitronensaft, Crème fraîche, Kurkuma und Pfeffer mischen. Sesam in einer Pfanne unter Wenden anrösten. Auberginenmus mit Sesam bestreuen. (Pro Portion ca. 115 Kalorien/481 Joule; pflanzliches Eiweiß: 3 g)

Dazu: Getoastetes Roggenbrot

Kurkuma
Dieses kräftig gelbe Gewürzpulver ist Bestandteil aller Currymischungen. Sein Aroma ist sehr milde und nußähnlich. Im Handel findet man es unter verschiedenen Namen: Gelbwurz, Turmerik, Safranwurzel oder Koenjit. Es eignet sich gut, um Gemüse-, Getreide- und Reisgerichten eine appetitlich gelbe Farbe zu geben.

Steckrübeneintopf mit Haselnüssen

1 kleine Steckrübe (etwa 1,5 kg), 1 kg Kartoffeln, 500 g rote Zwiebeln (oder Gemüsezwiebeln), 1 Teel. Kümmel, 100 g Haselnußkerne, 4 Eßl. Öl, 1/4 l trockener Weißwein, Salz, frisch gemahlener Pfeffer, 1 Becher Sahnedickmilch (200 g), 1 Bund Petersilie. Für 4 Portionen

Steckrübe waschen, in fingerdicke Scheiben schneiden. Jede Scheibe schälen und würfeln. Kartoffeln waschen, schälen und in Scheiben schneiden. Zwiebeln abziehen und achteln. Steckrübe, Kartoffeln und Zwiebeln in einen Schmortopf schichten. Kümmel, Haselnußkerne und Öl darüber verteilen. Wein zugießen. Alles kräftig salzen und pfeffern. Den Topf schließen und in den Backofen schieben. Auf 200 Grad/Gas Stufe 3 schalten und etwa eine Stunde backen. Mit Salz und Pfeffer nachwürzen und jede Portion mit einem Löffel Sahnedickmilch und gehackter Petersilie servieren. (Pro Portion ca. 680 Kalorien/2846 Joule; pflanzliches Eiweiß: 12 g, tierisches Eiweiß: 2 g)

Haselnüsse
Alle Nußsorten sind nährstoffreich. Haselnüsse enthalten soviel Eiweiß wie Hühnereier, dabei aber weit mehr Kalzium, Eisen, Phosphor, Kalium und Magnesium. Weil sie etwa zu 50 Prozent aus Fett bestehen, liefern 100 Gramm 650 Kalorien. Haselnüsse sättigen deshalb sehr langanhaltend.

Gebackenes Zucchini-Paprikagemüse

3 mittelgroße Zucchini (etwa 700 g), 3 Paprikaschoten (rote und gelbe), 20 g Butter, Salz, Pfeffer, 1 Becher Schlagsahne (200 g). Für 4 Portionen

Zucchini waschen. Stiel- und Blütenansatz abschneiden. Zucchini in Scheiben schneiden. Paprikaschoten waschen, halbieren, entkernen. In mundgerechte Stücke schneiden. Eine flache, ofenfeste Form mit Butter ausstreichen. Zucchini ringsherum und Paprika in der Mitte der Form anordnen. Mit Salz und Pfeffer bestreuen. Sahne darüber verteilen. Form mit einem Deckel oder mit Alufolie fest verschließen. In den Backofen schieben, auf 200 Grad/Gas Stufe 3 schalten und 30 Minuten backen. Folie oder Deckel abnehmen und weitere 15 Minuten backen. (Pro Portion ca. 335 Kalorien/1402 Joule; pflanzliches Eiweiß: 10 g, tierisches Eiweiß: 1 g)

Gedünsteter Spitzkohl mit Erdnüssen

2 Zwiebeln, 2 Eßl. Öl, 700 g Spitzkohl, 2 Eßl. Sojasoße, 1 Eßl. Edelsüß-Paprika, frisch gemahlener Pfeffer, Salz, 2 Eßl. saure Sahne, 1 Eßl. gesalzene Erdnüsse. Für 2 Portionen

Zwiebeln abziehen und würfeln. In heißem Öl bei mittlerer Hitze glasig werden lassen. Spitzkohl putzen, waschen und in grobe Streifen schneiden. Zu den Zwiebeln geben. Sojasoße, Paprika und zwei Eßlöffel heißes Wasser zufügen. Im geschlossenen Topf bei kleiner Hitze 15 Minuten schmoren. Mit Salz und Pfeffer nachwürzen. Jede Portion mit einem Eßlöffel saurer Sahne und mit Erdnüssen bestreut servieren. (Pro Portion ca. 270 Kalorien/1130 Joule; pflanzliches Eiweiß: 8 g)

Dazu: Pellkartoffeln

Überbackenes Bohnenpüree

1,2 kg grüne Bohnen, 1/2 Becher Schlagsahne (100 g), 3 Eier, 6 Eigelb, Salz, 30 g Butter. Für 5 Portionen

Bohnen verlesen, putzen, waschen und 15 Minuten kochen. Abgießen und mit kaltem Wasser übergießen. Im Mixer oder mit dem Pürierstab des Handrührgeräts fein zerkleinern. Sahne, Eier, Eigelb und Salz zufügen und noch einmal durchmixen (oder mit den Quirlen des Handrührgeräts kräftig schlagen). Fünf kleine Auflaufschüsselchen mit Butter ausstreichen. Bohnenmus hineinfüllen. Die Fettpfanne des Backofens drei Zentimeter hoch mit Wasser füllen. Die Förmchen hineinstellen und in den Backofen schieben. Auf 175 Grad/Gas Stufe 2 schalten und das Püree etwa 25 bis 30 Minuten backen. Wenn es in einer großen Schüssel zubereitet werden soll, braucht es etwa 45 Minuten Garzeit. (Pro Portion ca. 325 Kalorien/1360 Joule; pflanzliches Eiweiß: 5 g, tierisches Eiweiß: 8 g)

Dazu: Getoastetes Mischbrot mit Butter

Bohnen
Grüne Schneidebohnen, Brechbohnen, die gelben Wachsbohnen und auch die feinen Prinzeßbohnen sollten nicht roh gegessen werden, denn sie enthalten einen gesundheitsschädlichen Stoff, der erst nach etwa sieben bis zehn Minuten Garzeit vollständig zerstört ist.

Caponata

700 g Auberginen, Salz, 130 ccm Olivenöl, 700 g Fleischtomaten, je 1 rote, grüne und gelbe Paprikaschote, 1 Staudensellerie, 500 g Gemüsezwiebeln, 2 – 3 Lorbeerblätter, 50 g Kapern, 50 g Oliven, 1/2 Zitrone, 6 – 8 Eßl. trockener Weißwein, Zucker. Für 8 Portionen

Auberginen waschen, putzen und in Scheiben schneiden. Mit Salz bestreut etwa 30 Minuten stehenlassen. Mit Küchenkrepp gründlich abtrocknen, dabei leicht auspressen. Portionsweise in jeweils zwei bis drei Eßlöffel Öl anbraten. Herausnehmen und beiseite stellen. Tomaten mit kochendem Wasser übergießen, häuten und in Stücke schneiden. Paprika waschen, halbieren, entkernen und in Streifen schneiden oder würfeln. Staudensellerie waschen, putzen und in mundgerechte Stücke schneiden. Zwiebeln abziehen und in Ringe schneiden. Im restlichen Öl glasig dünsten. Alle Gemüsesorten mit den Lorbeerblättern zu den Zwiebeln geben und bei kleiner Hitze 30 bis 40 Minuten im geschlossenen Topf schmoren. Kapern, Oliven, Zitronen-Saft, Wein und gebratene Auberginen zugeben und weitere zehn Minuten schmoren. Mit Salz und Zucker nachwürzen. Lauwarm oder kalt servieren. (Pro Portion ca. 250 Kalorien/1046 Joule; pflanzliches Eiweiß: 3 g)

Dazu: Weißbrot und italienischer Schafkäse oder körniger Frischkäse

Sherryzwiebeln

200 g kleine Zwiebeln, 1/8 l halbtrockener Sherry, Salz,
1 Teel. eingelegter grüner Pfeffer. Für 4 Portionen

Zwiebeln abziehen und in Ringe schneiden. Sherry, zwei Eßlöffel Wasser und Salz aufkochen. Zwiebeln zufügen und im geschlossenen Topf bei kleiner Hitze 20 Minuten kochen. Den grünen Pfeffer zufügen und die Zwiebeln im offenen Topf aufkochen, damit die überschüssige Flüssigkeit verdampfen kann. (Pro Portion ca. 60 Kalorien/251 Joule; pflanzliches Eiweiß: 1 g)

Dazu: Pellkartoffeln; oder die Zwiebeln als Vorspeise mit Brot und Butter servieren

2

Salate

Diese vielfältigen Mischungen aus frischen Gemüsen und würzigen Soßen haben auf Ihrem Speisezettel einen Ehrenplatz verdient. Mit einem Stück Brot sind sie Vorspeise, kleiner Imbiß oder sogar Hauptgericht. Als Beilage bringen sie Frische und Farbe in die Mahlzeit.

Orangen-Eiersalat mit Safran

$^1/_4$ l Weißwein, $^1/_4$ l Weinessig, $^1/_2$ Teel. Kurkuma, Salz, 8 Eier, 3 Orangen, 1 Salatgurke, 2 Zitronen, 1 Eßl. Zucker, 2 Briefchen Safranfäden, große Salatblätter. Für 4 Portionen

Wein, Essig, Kurkuma, zwei Teelöffel Salz und einen Viertelliter Wasser in einem schmalen Topf aufkochen. Hitze zurückschalten. Jeweils ein Ei in eine Suppenkelle schlagen und am Topfrand entlang in die siedende Flüssigkeit gleiten lassen. Immer vier Eier auf einmal in acht bis zehn Minuten fest werden lassen. Herausheben und abkühlen lassen. Orangen schälen, Salatgurke waschen und beides in Scheiben schneiden. Zitronensaft, Zucker, Salz und Safran verrühren. Eier, Orangen und Gurke auf Salatblättern anrichten. Mit der Safransoße begießen. (Pro Portion ca. 330 Kalorien/1381 Joule; pflanzliches Eiweiß: 2 g, tierisches Eiweiß: 14 g)

Dazu: Stangenweißbrot

Naturreissalat mit Avocado und Minze

150 g Naturreis, Salz, $^1/_2$ Teel. Kurkuma, 2 Eßl. Rosinen, 3 Eßl. Weißwein, 1 Avocado, 1 Teel. Zitronensaft, 1 Zweig frische Minze, 3 Eßl. Apfelessig, 6 Eßl. Öl, Salz, frisch gemahlener Pfeffer. Für 4 Portionen

Reis in kaltem Wasser waschen. Mit knapp 400 ccm Wasser, Salz und Kurkuma zum Kochen bringen. Auf kleinster Hitze 20 Minuten kochen. Von der Kochstelle nehmen und weitere zehn Minuten im geschlossenen Topf ausquellen lassen. Inzwischen die Rosinen etwa 30 Minuten in Weißwein einweichen. Avocado schälen, in kleine Würfel schneiden und mit Zitronensaft beträufeln. Rosinen mit Reis und Avocado in einer Schüssel mischen. Minze waschen, Blättchen vom Zweig zupfen und fein hacken. Mit Essig, Öl, Pfeffer und Salz verrühren und über den Reis gießen. Gut durchmischen und etwa eine Stunde durchziehen lassen. (Pro Portion ca. 445 Kalorien/1863 Joule; pflanzliches Eiweiß: 4 g)

Käsesalat mit Champignons

200 g milder Butterkäse im Stück, 150 g Champignons, 1/2 grüner Salat, 1 Handvoll Kerbel, 2 Eßl. Rotweinessig, 1 Knoblauchzehe, Salz, frisch gemahlener Pfeffer, 4 Eßl. Öl. Für 4 Portionen

Butterkäse in kleine Würfel schneiden. Champignons kurz waschen, abtrocknen und in Scheiben schneiden. Salat waschen, trocknen und mit den Blättern eine flache Schüssel auslegen. Kerbel waschen, abtrocknen und mit Champignons und Käsewürfeln gemischt in die Schüssel füllen. Essig mit zerdrückter Knoblauchzehe, Salz und Pfeffer verrühren. Öl unterschlagen und die Soße über den Salat gießen. Sofort servieren. (Pro Portion ca. 310 Kalorien/1298 Joule; pflanzliches Eiweiß: 1 g, tierisches Eiweiß: 5 g)

Dazu: Weizenvollkornbrot

Apfel-Zwiebelsalat mit Erdnüssen

500 g Äpfel, 1 Teel. Zitronensaft, 1 Bund Lauchzwiebeln, 1 Becher Sahnedickmilch oder Joghurt (200 g), 1 Eßl. Honig, Salz, frisch gemahlener Pfeffer, 50 g gesalzene Erdnüsse. Für 4 Portionen

Äpfel waschen, eventuell schälen, das Kerngehäuse herausschneiden. Die Äpfel in dünne Scheiben schneiden und mit Zitronensaft beträufeln. Lauchzwiebeln putzen, waschen und in sehr feine Ringe schneiden. Dickmilch mit Honig, Salz und Pfeffer verrühren und mit den Apfelscheiben und Zwiebeln mischen. Den Salat mit Erdnüssen bestreuen. (Pro Portion ca. 210 Kalorien/879 Joule; pflanzliches Eiweiß: 4 g, tierisches Eiweiß: 2 g)

Erdnüsse
Diese Nüsse (botanisch gesehen sind sie Hülsenfrüchte wie Bohnen und Linsen) haben einen enorm hohen Eiweißgehalt. Mit 25 bis 30 Prozent gehören sie zu den besten pflanzlichen Eiweißträgern. Sie sind überdies reich an Vitamin A und den Vitaminen der B-Gruppe. Alle wichtigen Mineralstoffe sind ebenfalls enthalten. In Reformhäusern und grünen Läden erhält man sie das ganze Jahr über mit Schale oder geschält und geröstet. Im Lebensmittelhandel werden Erdnußkerne überwiegend geröstet und gesalzen angeboten.

Orangen-Radicchiosalat

2 Radicchio, 4 Orangen, 2 Zwiebeln, 100 g schwarze Oliven, 6 Eßl. Öl, 2 Teel. süßer Senf, Salz, 1/2 Teel. Honig, 1/2 Bund Petersilie, 150 g italienischer Schafkäse oder Mozzarella. Für 4 Portionen

Radicchio zerpflücken, waschen und trockentupfen. Orangen schälen und in dünne Scheibe schneiden. Zwiebeln abziehen und in hauchdünne Ringe schneiden. Orangen- und Zwiebelscheiben in einer Schüssel mischen und etwa zehn Minuten durchziehen lassen. Oliven halbieren und entkernen. Öl mit Senf, wenig Salz, Honig und feingehackter Petersilie mischen. Zusammen mit dem Radicchio und den Oliven zu den Orangen in die Schüssel geben und gründlich durchmischen. Den Käse in etwa einen Zentimeter große Würfel schneiden und auf den Salat geben. (Pro Portion ca. 480 Kalorien/2009 Joule; pflanzliches Eiweiß: 1 g, tierisches Eiweiß: 7 g)

Dazu: Getoastetes Leinsamenbrot

Rohes Gemüse mit Knoblauch-Dip

1 Staudensellerie, 3 große Möhren, je 1 rote und grüne Paprikaschote, 1 Rettich, 1 Fenchelknolle, 200 g Chicorée, 1 Becher saure Sahne (150 g), 1 Becher Crème fraîche (150 g), 3 Knoblauchzehen, 1 Zwiebel, Salz, frisch gemahlener Pfeffer, Zitronensaft, 1 Prise Zucker. Für 6 Portionen

Staudensellerie putzen, in Stangen zerlegen und waschen. Möhren schälen, waschen und der Länge nach vierteln. Paprikaschoten waschen, halbieren und die Kerne herauslösen. Jede Hälfte noch einmal vierteln. Rettich waschen, schälen und der Länge nach in sechs bis acht Teile schneiden. Fenchel putzen, halbieren, waschen und die Hälften in Scheiben schneiden. Das Gemüse auf einer Platte anrichten. Für den Dip saure Sahne mit Crème fraîche verrühren. Knoblauchzehen abziehen und zerdrücken. Zwiebel abziehen und sehr fein hacken oder durch die Knoblauchpresse drücken. Knoblauch und Zwiebel mit der Sahne mischen. Mit Salz, Pfeffer, Zitronensaft und Zucker abschmecken. Das Gemüse in die Soße tauchen und aus der Hand essen. (Pro Portion ca. 200 Kalorien/837 Joule; pflanzliches Eiweiß: 5 g, tierisches Eiweiß: 1 g)

Mozzarella mit Tomaten

2 Mozzarella-Käse à 150 g, 500 g Tomaten, 1 Bund Basilikum, Salz, frischgemahlener Pfeffer, 4 Eßl. kaltgepreßtes Olivenöl. Für 4 Portionen

Mozzarella abtropfen lassen und in dünne Scheiben schneiden. Tomaten- und Mozzarellascheiben auf einem großen, flachen Teller schuppenförmig anrichten. Basilikum waschen, abtrocknen, grob zerschneiden und darüberstreuen. Mit Salz und Pfeffer würzen und mit Öl beträufelt servieren. (Pro Portion ca. 330 Kalorien/1381 Joule; pflanzliches Eiweiß: 2 g, tierisches Eiweiß: 13 g)

Dazu: Meterbrot

Die wichtigsten Salatkräuter

Basilikum:
Ein echtes Salatkraut, denn gekocht verliert es den Großteil seines feinen Aromas. Paßt sehr gut zu Tomatensalaten.

Borretsch:
Die großen Blätter eignen sich feingehackt gut für frische Sommersalate. Borretsch schmeckt ein wenig nach Gurke. Seine Blüten sind eine aparte Dekoration für die Salatschüssel.

Dill:
Frisch und sehr würzig im Geschmack. Man verwendet die filigranen Blätter. Die Stengel zum Kochen von Brühe oder Suppe mitverwenden.

Estragon:
Das feine Kraut hat ein zartes Aroma mit leichter Anisnote. Es konkurriert nicht gern mit anderen Kräutern und paßt sehr gut zu milden Salatsoßen.

Kerbel:
Dieses Kraut wird überwiegend von März bis Juni angeboten und meist grammweise verkauft. Die zarten Blättchen sind süßlich anisartig im Geschmack.

Minze:
Erfrischend und leicht mentholartig im Geschmack ist dieses Küchenkraut. Leider wird es nur in wenigen Läden frisch angeboten, obwohl es in vielen Gärten halbwild wächst.

Petersilie:
Sie ist das ganze Jahr über frisch zu haben. Petersilie mit glatten Blättern ist aromatischer, welkt aber leichter als krause Sorten. Wegen ihres hohen Vitamin-C-Gehalts und ihres feinen Aromas sollte man Petersilie reichlich verwenden. Sie läßt sich mit fast allen anderen Kräutern mischen.

Schnittlauch:
Die grünen Blattröhrchen werden am besten mit einem Messer oder einer Schere in gleichmäßige Röllchen geschnitten. Der Geschmack erinnert an Zwiebeln, ist aber viel feiner.

Zitronenmelisse:
Melisse hat zarte, ovale Blättchen, die stark nach Zitrone duften. Dieses Küchenkraut paßt sehr gut zu grünen Salaten mit Obst und zu Gurkensalat.

Grüner Bohnensalat mit Ei

500 g grüne Bohnen, Salz, 2 Eier, 4 Eßl. Olivenöl, 2 Eßl. Zitronensaft, frisch gemahlener Pfeffer, 1 Messerspitze milder Senf. Für 4 Portionen

Bohnen waschen, putzen und in Salzwasser zehn Minuten kochen. Abgießen und abtropfen lassen. Eier hart kochen. Öl mit Zitronensaft, Salz, Pfeffer und Senf verrühren. Bohnen auf einem runden Teller sternförmig anrichten. Eier schälen und das Eigelb herauslösen. Eiweiß hacken und in die Mitte auf die Bohnen häufen. Eigelb durch ein Sieb drücken und darüberstreuen. Soße über den Salat verteilen. 15 Minuten durchziehen lassen. (Pro Portion ca. 220 Kalorien/921 Joule; pflanzliches Eiweiß: 3 g, tierisches Eiweiß: 4 g)

Senfsorten
Senf wird aus getrockneten, gemahlenen Senfkörnern, Salz, Zucker, Pfeffer und Essig hergestellt. Je nachdem, ob die milderen gelben oder die scharfen braunen Senfkörner verwendet werden, entsteht scharfer oder milder Senf. Durch die Mischung von beiden Sorten lassen sich verschiedene Schärfegrade erreichen. Für grobe Senfsorten werden die Senfkörner nicht fein vermahlen, sondern nur grob geschrotet. Teure Senfsorten enthalten Wein oder guten Weißweinessig statt einfachem Branntweinessig. Wer will, kann sich seinen eigenen Senf mit zerstoßenen Senfkörnern oder Senfpulver anrühren und dabei Kräuter, zum Beispiel Estragon, Thymian oder Dill, zufügen. Sehr aromatisch ist auch eine Mischung mit grünem Pfeffer oder frisch geriebener Meerrettichwurzel.

Erdbeer-Kressesalat

200 g Brunnenkresse, 200 g Eisberg- oder Kopfsalat, 200 g Erdbeeren, 1/2 Zitrone, 1 Eßl. Ahornsirup, 1 Teel. Senf, 1/2 Teel. eingelegter grüner Pfeffer, 2 Eßl. Öl. Für 3 Portionen

Brunnenkresse verlesen, waschen und in mundgerechte Stücke zupfen. Salat waschen, abtrocknen und in feine Streifen schneiden. Erdbeeren in einer Schüssel mit kaltem Wasser waschen, abtropfen lassen und halbieren. Alles in eine Schüssel schichten. Zitronensaft, Ahornsirup und Senf verrühren. Die Hälfte des Pfeffers zerdrücken und zur Soße geben. Öl unterrühren. Restlichen Pfeffer über den Salat streuen. Soße darübergießen. Sofort servieren. (Pro Portion ca. 170 Kalorien/717 Joule; pflanzliches Eiweiß: 3 g)

Dazu: Brot mit Frischkäse

Tomaten-Eiersalat mit Olivensoße

6 Eier, 250 g Tomaten, 2 Eßl. schwarze Oliven, 1 Eßl. Kapern, 1 Knoblauchzehe, 1 Bund Schnittlauch, 3 Eßl. Rotweinessig, 5 Eßl. Öl, frisch gemahlener Pfeffer. Für 3 Portionen

Eier in acht Minuten hart kochen. Mit kaltem Wasser übergießen und darin abkühlen lassen. Tomaten waschen und in Scheiben schneiden. Die Oliven entkernen. Zusammen mit den Kapern, der abgezogenen Knoblauchzehe und dem Schnittlauch sehr fein hacken oder mit dem Pürierstab des Handrührgeräts zerkleinern. Essig, Öl und Pfeffer unterrühren. Tomatenscheiben auf einem großen Teller schuppenförmig anrichten. Eier in Scheiben schneiden oder achteln. Auf den Tomaten verteilen und mit der Olivensoße übergießen. (Pro Portion ca. 390 Kalorien/1633 Joule; tierisches Eiweiß: 14 g)

Dazu: Leinsamenbrot

Sellerie, in Stangen und Knollen

Die hellen, grünlich-gelben Stauden werden das ganze Jahr über frisch angeboten. Für Salate die Stangen in feine Scheiben schneiden. Staudensellerie ist sehr kalorienarm, denn er besteht zu über 90 Prozent aus Wasser. Trotzdem liefert er fast alle wichtigen Mineralstoffe und Vitamine. Knollensellerie hat seinen festen Platz im Suppengrün. Für Salate muß er sehr fein geraspelt oder gekocht verwendet werden, wegen der harten, holzähnlichen Beschaffenheit der Knolle ist er sonst nicht genießbar.

Zwiebeln
Als Salatgemüse eignen sich die großen, spanischen Sorten am besten. Sie schmecken in gemischten Salaten – in grobe Würfel oder Scheiben geschnitten – sehr gut. Wer die scharfen, kleineren Haushaltszwiebeln in größeren Mengen für einen Salat verwenden möchte, kann sie in dünne Scheiben geschnitten kurz in kochendes Wasser tauchen.

Fenchel
Gemüsefenchel wird in den Monaten von Oktober bis April aus Italien importiert und bereichert das winterliche Gemüseangebot. Sein süßlich anisartiger Geschmack dominiert leicht in gemischten Salaten. Wichtig ist, die Knollen in sehr feine Scheiben zu schneiden oder zu raspeln, denn besonders die äußeren Blätter der Knolle sind recht hart. Auch gedünstet eignet sich Fenchel gut für Salate. Sein Geschmack wird durch das Garen milder.

Zucchini
Diese grünen Minikürbisse sehen fast aus wie Gurken und sind auch ähnlich zurückhaltend im Geschmack, jedoch nicht so wäßrig. Sie werden üblicherweise nicht geschält, nur Stiel- und Blütenansatz wird abgeschnitten. Man kann sie kurz in Fett andünsten oder zwei bis drei Minuten in Salzwasser kochen. Für Salate kann man sie – in hauchdünne Scheiben geschnitten – auch roh verwenden.

Kartoffelsalat mit Estragon

2 kg festkochende Kartoffeln, Salz, 1/4 l Brühe, 1 Teel. Dillsamen, 1 Teel. Estragon, 3 kleine Gewürzgurken, 4 Eßl. Mayonnaise, 1 Becher Crème fraîche (150 g), Zitronensaft, frisch gemahlener Pfeffer, 1 Eßl. Sonnenblumenkerne (oder gehackte Nüsse). Für 5 Portionen

Kartoffeln unter fließendem Wasser abbürsten. In Salzwasser 20 Minuten kochen, abgießen und kurz mit kaltem Wasser abspülen. Die Haut abziehen. Kartoffeln in Scheiben oder Würfel schneiden. Brühe mit Dillsamen und Estragon aufkochen und über die Kartoffeln gießen. Mindestens eine Stunde durchziehen lassen. Inzwischen die Mayonnaise mit Crème fraîche und wenig Zitronensaft verrühren. Mit Salz und Pfeffer würzen. Kartoffeln kurz abtropfen lassen und mit Sonnenblumenkernen und der Mayonnaisemischung durchmischen. Nochmals etwa eine Stunde zugedeckt im Kühlschrank durchziehen lassen. (Pro Portion ca. 475 Kalorien/1988 Joule; pflanzliches Eiweiß: 8 g, tierisches Eiweiß: 1 g)

Dazu: Gekochte Eier

Kartoffelsalat mit Erbsen

1 kg festkochende Kartoffeln, Salz, 250 g Lauchzwiebeln, 1 Paket Tiefkühl-Perlerbsen (300 g), 3 Eßl. Apfelessig, 1 Eßl. Honig, 1 Becher Schlagsahne (200 g), 1 Eßl. grober Senf, frisch gemahlener Pfeffer, 4 hartgekochte Eier, 1/2 Bund Petersilie. Für 4 Portionen

Kartoffeln unter fließendem Wasser abbürsten. In Salzwasser 20 Minuten kochen. Abgießen und mit kaltem Wasser übergießen, Schale abziehen. Kartoffeln in Scheiben schneiden. Lauchzwiebeln putzen, waschen und in feine Ringe schneiden. Kartoffeln mit Zwiebeln und den aufgetauten Erbsen in einer Schüssel mischen. Essig, Honig, Sahne, Senf und Pfeffer mischen und mit Salz kräftig abschmecken. Über die Kartoffeln gießen und vorsichtig durchmischen. Zugedeckt eine Stunde durchziehen lassen. Die Eier schälen und das Eigelb so herauslösen, daß es heil bleibt. Eiweiß fein hacken. Kartoffelsalat mit ganzen Eigelben, gehacktem Eiweiß und Petersilie anrichten. (Pro Portion ca. 530 Kalorien/2219 Joule; pflanzliches Eiweiß: 10 g, tierisches Eiweiß: 8 g)

Paprika
Die Schoten werden in der Haupterntezeit in Deutschland sehr preiswert angeboten. Hauptimportländer sind Italien, Ungarn und Jugoslawien. Gemüsepaprika ist das Vitamin-C-reichste Gemüse überhaupt. Dabei ist verblüffend, daß grüne Paprikaschoten nur etwa halb soviel davon enthalten wie die roten Sorten. Der Vitamin-C-Anteil gelber Paprikaschoten liegt genau dazwischen.

Mariniertes Gemüse

4 gelbe Paprikaschoten (etwa 500 g), 500 g Porree, 500 g Zucchini, 1/2 l Weißwein, 4 Eßl. Essig, 2 Teel. Salz, frisch gemahlener Pfeffer, 1/2 Eßl. brauner Zucker, 2 Lorbeerblätter, 2 Knoblauchzehen, 1 Zwiebel, 450 ccm Olivenöl. Für 8 Portionen

Paprikaschoten halbieren, entkernen, waschen und in Streifen schneiden. Porree putzen, waschen und in Ringe schneiden. Zucchini waschen und in Scheiben schneiden. Wein mit Essig, Salz, Pfeffer, Zucker und Lorbeerblättern in einen flachen weiten Topf oder eine große Deckelpfanne geben. Knoblauchzehen abziehen und halbieren. Zwiebel abziehen und in Scheiben schneiden. Beides mit in den Topf geben und aufkochen. Das Gemüse – jede Sorte getrennt – darin fünf Minuten garen und in ein großes Glas schichten. Den Sud und das Olivenöl darübergießen. Das Gemüse soll mit Öl etwa einen Zentimeter hoch bedeckt sein. Das Glas verschließen. Mariniertes Gemüse hält sich verschlossen im Kühlschrank mindestens zwei Wochen. Man serviert es auf Desserttellern mit Brot als sommerliche Vorspeise. Mit Käse ist es ein komplettes Abendbrot. (Pro Portion ca. 340 Kalorien/1423 Joule; pflanzliches Eiweiß: 3 g)

Kaltgepreßtes Öl

Normales Speiseöl besteht meist aus einer Mischung von verschiedenen Ölsorten, zum Beispiel Erdnußöl, Maiskeimöl, Sonnenblumenöl und Sojaöl. Diese Öle werden gereinigt (raffiniert), um sie haltbar zu machen. Dabei geht jedoch ihr typischer Geschmack verloren und auch ein Teil der sehr gesunden Fettbegleitstoffe. Kaltgepreßte Öle sind erheblich teurer in der Herstellung, denn die Ausbeute ist gering und nur einwandfreie, schadstoffarme Ölfrüchte können nach dieser Methode verarbeitet werden. Kalt gepreßt werden hauptsächlich angeboten: Olivenöl (Jungfernöl), Walnuß-, Sonnenblumen-, Lein- und Distelöl. Man sollte sie in kleinen Mengen in lichtgeschützter Verpackung kaufen und unbedingt kühl lagern. Angebrochen halten sich kaltgepreßte Öle nicht viel länger als vier Wochen frisch, danach verändert sich das Aroma allmählich.

Avocadosalat mit Weintrauben

2 Avocados, 100 g Weintrauben, 1 kleiner grüner Salat,
50 g Walnüsse, 1/2 Zitrone, 2 Eßl. Öl, Salz, frisch gemahlener Pfeffer,
30 g Backerbsen. Für 4 Portionen

Avocados halbieren, schälen, entkernen und in Spalten schneiden. Weintrauben waschen, die Trauben von den Stielen zupfen, halbieren und die Kerne entfernen. Salat waschen, abtrocknen und in schmale Streifen schneiden. Walnüsse grob hacken. Avocados, Trauben, Salatstreifen und Walnüsse mit Zitronensaft in einer Schüssel mischen. Öl, Salz, Pfeffer und eine kräftige Prise Zucker über dem Salat verteilen und noch einmal vorsichtig durchmischen. Mit Backerbsen bestreuen und sofort servieren, damit die Backerbsen knusprig bleiben. (Pro Portion ca. 440 Kalorien/1842 Joule; pflanzliches Eiweiß: 5 g)

Feldsalat mit Apfel

250 g Feldsalat. 2 säuerliche Apfel, 3 – 4 Eßl. Apfelessig, 1 Eßl. Calvados,
1 Teel. milder Senf, Salz, frisch gemahlener Pfeffer, 1 Prise Zucker,
4 Eßl. Öl, 1 Scheibe Roggenbrot. Für 3 Portionen

Feldsalat verlesen, waschen und gut abtropfen lassen. Äpfel schälen, das Kerngehäuse entfernen und die Äpfel in dünne Spalten schneiden. Apfelessig mit Calvados, Senf, Salz, Pfeffer und Zucker mischen. Zwei Eßlöffel Öl darunterschlagen. Das Brot in kleine Würfel schneiden und im restlichen Öl in der Pfanne unter häufigem Wenden knusprig braten. Die Salatsoße über den Salat gießen und die Brotwürfel darüberstreuen. Sofort servieren. (Pro Portion ca. 260 Kalorien/1088 Joule; pflanzliches Eiweiß: 2 g)

Apfelessig
Er gilt als besonders bekömmlich und verdauungsfördernd. Wissenschaftlich bewiesen ist das allerdings nicht. Trotzdem, Apfelessig zählt zu den guten, preiswerten Essigsorten. Er paßt zu fast allen Salaten.

Nudelsalat mit Tomaten und Schafkäse

200 g kleine Vollkorn-Nudeln, Salz, 500 g Fleischtomaten,
1 Becher Crème fraîche (200 g), 1 Teel. Tomatenmark, Salz,
2 Eßl. Öl, gemahlener Pfeffer, 1 Eßl. Zitronensaft,
1 Bund Basilikum, 100 g bulgarischer Schafkäse. Für 4 Portionen

Die Nudeln in kochendem Salzwasser in etwa sechs Minuten bißfest kochen. Abgießen und abtropfen lassen. Tomaten waschen und in Spalten schneiden. Crème fraîche mit Tomatenmark, Salz, Öl und Pfeffer vermischen. Nudeln und Tomaten zufügen und vorsichtig durchheben. Basilikum waschen, trockentupfen und fein hacken. Über den Salat streuen, Zerbröckelten Schafkäse darüber verteilen. (Pro Portion ca. 470 Kal./1967 Joule; pflanzliches Eiweiß: 8 g, tierisches Eiweiß: 6 g)

Milchprodukte
Fast alle Sorten sind geeignet und bringen Abwechslung auf den Salatteller: Dickmilch, Joghurt, saure Sahne und Crème fraîche sind eine Basis für milde, cremige Soßen, die im Durchschnitt weniger kalorienreich sind als Essig-Ölsoßen und dabei noch eine gute Portion Eiweiß liefern. Sie vertragen sich mit allen üblichen Gewürzen und Kräutern vorzüglich. Wer zusätzliche Säure möchte, sollte Zitronensaft wählen, denn die meisten Milchprodukte vertragen sich nicht sehr gut mit Essig.

Grüner Nudelsalat

250 g grüne Nudeln, Salz, 1 Eßl. Öl, je 1 Bund Dill,
Petersilie und Zitronenmelisse, 1 kleine Salatgurke, 50 g Mayonnaise,
1 Becher saure Sahne (200 g), 1 Knoblauchzehe, Salz, Zucker,
frisch gemahlener Pfeffer, 1 Eßl. Pistazien. Für 4 Portionen

Nudeln in Salzwasser in acht Minuten bißfest kochen. Auf einem Sieb abtropfen lassen und mit Öl vermischt abkühlen lassen. Dill, Petersilie und Zitronenmelisse (je einen Stiel als Garnitur zurücklassen) fein hacken. Salatgurke schälen und in Würfel schneiden. Mayonnaise mit saurer Sahne und zerdrücktem Knoblauch verrühren. Mit Salz, Zucker und Pfeffer kräftig würzen. Nudeln mit Kräutern und Gurkenwürfeln mischen. Soße darübergeben und durchheben. Mit gehackten Pistazien bestreuen. (Pro Portion ca. 480 Kalorien/2009 Joule; pflanzliches Eiweiß: 10 g, tierisches Eiweiß: 2 g)

Petersilien-Sambol

3 Eßl. Kokosflocken, 1/8 l Milch, 3 Bund Petersilie, 1 Zwiebel, 1 grüne Peperoni, Salz, frisch gemahlener Pfeffer, etwas Zitronensaft, 500 g Fleischtomaten. Für 4 Portionen

Kokosflocken mit heißer Milch übergießen, abkühlen lassen, Petersilie waschen, abtrocknen, kleinschneiden. Abgezogene Zwiebeln und entkernte Peperoni fein würfeln. Kokosflocken mit Petersilie, Zwiebel und Peperoni mischen. Mit Salz, Pfeffer und Zitronensaft würzen. Die Fleischtomaten waschen und in Scheiben schneiden. Tomatenscheiben auf Portionstellern kreisförmig anordnen. Petersilienmischung in die Mitte geben. (Pro Portion ca. 85 Kalorien/335 Joule; pflanzliches Eiweiß: 2 g, tierisches Eiweiß: 1 g)

Steckrübensalat

500 g Steckrübe, 1 säuerlicher Apfel, 1/2 Zitrone, 1 Eßl. Mayonnaise, 1 Becher Joghurt (3,5 %), 2 Eßl. Tomatenketchup, je 1 Bund Schnittlauch und Petersilie, Salz, frisch gemahlener Pfeffer. Für 4 Portionen

Steckrübe schälen und grob raspeln. Apfel schälen, Kerngehäuse herausschneiden. Den Apfel fein würfeln und mit Zitronensaft beträufeln. Mayonnaise mit Joghurt und Ketchup verrühren. Schnittlauch und Petersilie fein hacken und untermischen. Mit Salz und Pfeffer kräftig abschmecken. Die Soße mit Steckrübe und Apfel vermischen und etwa eine Stunde ziehen lassen. Noch einmal mit Salz und Pfeffer nachwürzen. (Pro Portion ca. 145 Kalorien/607 Joule; pflanzliches Eiweiß: 2 g, tierisches Eiweiß: 2 g)

Salatkräuter fertig gekauft
Getrocknete Salatkräutermischungen enthalten in der Regel Petersilie, Schnittlauch, Dillspitzen, Estragon, Zwiebelwürfel, Paprikapulver, Pfeffer und Tomaten. Je nach Hersteller sind die Geschmacksrichtungen verschieden. Dennoch erhalten Salatsoßen, die mit solchen fertigen Mischungen gewürzt sind, leicht einen Standardgeschmack. Besser ist es deshalb, sich die verschiedenen Kräuter und Gewürze selbst zusammenzustellen.
Inzwischen gibt es eine Auswahl an tiefgekühlten Kräutermischungen, die sich für Salatsoßen sehr gut eignen und im Winter eine Alternative zu frischen Kräutern sind. Weil außer den Kräutern, Zwiebeln oder Knoblauch keine Gewürze enthalten sind, dominieren diese Mischungen den Geschmack einer Soße nicht so sehr.

Eisbergsalat mit Champignons

1 Becher saure Sahne (200 g), 1 Eßl. geriebener Meerrettich, 2 Eßl. Zitronensaft, 1 Teel. Honig, Salz, frisch gemahlener Pfeffer, Eisbergsalat, 1 Apfel (Boskop oder Cox), 200 g Champignons, 1 Eßl. gehackte Paranußkerne. Für 4 Portionen

Saure Sahne mit Meerrettich, Zitrone und Honig verrühren, bis der Honig sich gelöst hat. Mit Salz und Pfeffer kräftig abschmecken. Eisbergsalat halbieren und in Streifen schneiden. Waschen und abtropfen lassen. Apfel schälen, vierteln und das Kerngehäuse entfernen. Apfel in dünne Spalten schneiden. Champignons putzen, waschen und in dünne Scheiben schneiden. Salat, Apfel und Champignons in einer Schüssel mischen und mit der Salatsoße übergießen. Durchmischen, mit Nüssen bestreuen und sofort servieren. (Pro Portion ca. 140 Kalorien/586 Joule; pflanzliches Eiweiß: 3 g, tierisches Eiweiß: 2 g)

Dazu: Zwiebelbrot

Sauerkrautsalat mit frischer Ananas

500 g Sauerkraut, 1 Stück frische Ananas (etwa 300 g), 200 g Weintrauben, 100 g Pekan- oder Walnußkerne, 4 Eßl. Öl, 2 Teel. süßer Senf, 1 Teel. Honig, Salz, frisch gemahlener Pfeffer, 1 Prise Cayennepfeffer. Für 6 Portionen

Das Sauerkraut mit zwei Gabeln lockern. Die Ananas schälen und den harten Kern herausschneiden. Ananas in kleine Würfel schneiden. Weintrauben halbieren, die Kerne herauslösen. Nüsse grob hacken, einige ganze Nüsse zurücklassen zum Garnieren. Sauerkraut, Ananas, Weintrauben und Nüsse in einer Schüssel mischen. Öl mit Senf, Honig, Salz, Pfeffer und Cayennepfeffer verrühren und über den Salat gießen. Mit zwei Gabeln gründlich durchheben und eine halbe Stunde durchziehen lassen. (Pro Portion ca. 275 Kalorien/1151 Joule; pflanzliches Eiweiß: 5 g)

3

Hülsenfrüchte

Erbsen, Bohnen, Linsen und Kichererbsen gehören zu dieser nahrhaften und preiswerten Gruppe von Lebensmitteln. So bunt und vielfältig wie die Sorten sind auch die Gerichte. Gehen Sie auf Entdeckungsreise, die Rezepte sind international.

Sahnelinsen mit Nudeln

100 g rote Linsen, Salz, 1/2 Teel. gemahlener Koriander,
1 Zwiebel, 3 Eßl. Öl, 1 Becher Schlagsahne (250 g),
$^1/_2$ Becher Crème fraîche (100 g), Cayennepfeffer,
300 g grüne Bandnudeln,
30 g frisch geriebener Parmesankäse. Für 4 Portionen

Linsen in gut einem Viertelliter Wasser mit Salz und Koriander zum Kochen bringen. Bei kleinster Hitze etwa 20 Minuten garen. Inzwischen die Zwiebel abziehen und fein würfeln. In heißem Öl glasig dünsten. Sahne und Crème fraîche zufügen und im offenen Topf bei großer Hitze cremig einkochen lassen. Linsen zufügen. Mit Salz und Cayennepfeffer kräftig würzen. Bandnudeln in kochendem Salzwasser etwa acht Minuten bißfest garen. Mit den Sahnelinsen mischen und mit Parmesankäse anrichten. (Pro Portion ca. 770 Kalorien/3223 Joule; pflanzliches Eiweiß: 16 g, tierisches Eiweiß: 5 g)

Currylinsen mit Apfel

2 Zwiebeln, 2 Knoblauchzehen, 1 säuerlicher Apfel,
3 Eßl. Öl, 1 große Dose Linsen, 1 Eßl. milder Curry, Salz,
je 1 Teel. Kreuzkümmel (Kumin) und Koriander,
$^1/_2$ Becher Schlagsahne (125 g). Für 4 Portionen

Zwiebeln abziehen und fein würfeln. Knoblauchzehen abziehen und zerdrücken. Apfel schälen, entkernen und grob raspeln. Zwiebeln, Knoblauch und Apfel in heißem Öl glasig dünsten. Linsen mit der Flüssigkeit, Curry, Salz, Kreuzkümmel und Koriander zufügen. Bei großer Hitze im offenen Topf kochen lassen, bis die Flüssigkeit fast verdampft ist. Schlagsahne zugießen und cremig einkochen lassen. Mit Salz nachwürzen. (Pro Portion ca. 710 Kalorien/2972 Joule; pflanzliches Eiweiß: 29 g, tierisches Eiweiß: 1 g)

Dazu: Naturreis und grüner Salat

Hülsenfrüchte und Getreide
Beide Nahrungsmittel enthalten Eiweiß. Doch erst die Kombination von Getreide und Hülsenfrüchten bietet die optimale Qualität. Die verschiedenen Eiweißarten ergänzen sich so gut, daß diese Zusammenstellung eine Mahlzeit mit Fleisch übertrifft. Es reicht schon aus, zu einem Linsen- oder Bohnengemüse eine Scheibe Brot oder eine Portion Naturreis als Beilage zu wählen.

Provenzalische Linsen

500 g Linsen, 1/2 l Brühe, 1/2 l trockener Rotwein, 2 Knoblauchzehen, 1 getrocknete Chilischote (ersatzweise 1 Prise Cayennepfeffer), 1/2 Eßl. getrocknete provenzalische Kräuter, Salz, frisch gemahlener Pfeffer, 3 Eigelb, 4 Eßl. Olivenöl, 2 Eßl. Rotweinessig. Für 4 Portionen

Linsen mit Brühe, Rotwein, zerdrückten Knoblauchzehen, Chilischote und provenzalischen Kräutern in einem großen Topf zum Kochen bringen. 40 Minuten bei kleiner Hitze kochen. Mit Salz und Pfeffer würzen. Eigelb, Olivenöl und Essig verrühren. Linsen von der Kochstelle nehmen und die Eimischung unterrühren. Sofort servieren. (Pro Portion ca. 700 Kalorien/2930 Joule; pflanzliches Eiweiß: 30 g, tierisches Eiweiß: 5 g)

Dazu: Pellkartoffeln

Rote Linsen mit Reis

250 g Zwiebeln, 1 Möhre, 1 Stange Porree, 250 g Natur-Langkornreis, 175 g rote Linsen, 50 g Butter oder Margarine, 2 Lorbeerblätter, 1 Eßl. Kurkuma, 1 Teel. Kreuzkümmel, 1/2 Teel. Koriander, 1 Knoblauchzehe, 1 – 2 Teel. Salz. Für 4 Portionen

Zwiebeln abziehen und würfeln. Möhre schälen und grob raspeln. Porree putzen und in feine Ringe schneiden. Reis in ein Sieb geben und unter fließendem Wasser waschen, bis das Wasser klar bleibt. Linsen auf die gleiche Weise waschen. Zwiebeln, Möhre und Porree in heißem Fett unter häufigem Rühren glasig dünsten. Lorbeerblätter, Kurkuma, Kreuzkümmel, Koriander und zerdrückte Knoblauchzehe zufügen und kurz mitdünsten. Reis und einen Liter Wasser zugeben, salzen und 15 Minuten kochen. Linsen zugeben, einmal umrühren und weitere 15 Minuten bei kleiner Hitze kochen, bis das Wasser vollkommen aufgenommen ist. (Pro Portion ca. 525 Kalorien/2198 Joule; pflanzliches Eiweiß: 18 g)

Dazu: Buttermilch

Rote Bohnen mit Porree

500 g rote Bohnen, 75 g Walnußkerne, 3 Knoblauchzehen, 1 rote Pfefferschote, 4 Eßl. Weinessig, Salz, 1 Eßl. gemahlener Koriander, 2 Stangen Porree, 1 Zwiebel, 1 Bund Petersilie. Für 4 Portionen

Bohnen in eineinhalb Liter Wasser über Nacht einweichen. Im Einweichwasser bei kleiner Hitze etwa eine Stunde kochen. Inzwischen die Walnüsse im Blitzhacker oder mit der Mandelmühle mahlen. Mit zerdrückten Knoblauchzehen, fein zerriebener Pfefferschote und dem Essig verrühren. Mit Salz und Koriander würzen. Zu den Bohnen geben und noch fünf Minuten mitkochen. Porree putzen und in Ringe schneiden. Zwiebel abziehen und würfeln. Die Bohnen mit einem Kartoffelstampfer oder dem Pürierstab des Handrührers grob pürieren (einige zum Garnieren zurücklassen). Die Hälfte des Porrees und die Zwiebeln unter die Bohnen rühren. Mit restlichem Porree und Petersilie bestreuen. (Pro Portion ca. 620 Kalorien/2595 Joule; pflanzliches Eiweiß: 32 g)

Gefleckte Bohnensuppe

250 g gefleckte Bohnen (Wachtelbohnen oder weiße Bohnen), 250 g Zwiebeln, 1 Knoblauchzehe, 4 Eßl. Öl, 2 Fleischtomaten, 1 Eßl. Tomatenmark, Salz, frisch gemahlener Pfeffer, 1 Bund Petersilie.
Für 4 Portionen

Die Bohnen in eineinhalb Liter Wasser über Nacht einweichen. Eine Zwiebel und die Knoblauchzehe abziehen und zu den Bohnen geben. Im Einweichwasser bei kleiner Hitze ein bis eineinhalb Stunden kochen. Inzwischen die restlichen Zwiebeln abziehen und würfeln. In heißem Öl unter häufigem Rühren hellbraun anbraten. Tomaten mit kochendem Wasser übergießen und die Haut abziehen. Tomaten kleinschneiden und kurz mit den Zwiebeln andünsten. Zwiebel-Tomaten-Mischung, Tomatenmark, Salz und Pfeffer zu den Bohnen geben. Einmal aufkochen und eventuell noch etwas Wasser oder Brühe zufügen, falls die Suppe zu dicklich ist. Mit gehackter Petersilie anrichten. (Pro Portion ca. 375 Kalorien/1570 Joule; pflanzliches Eiweiß: 15 g)

Dazu: Roggenbrot mit Frischkäse

Gefleckte Bohnen mit Graupen

300 g gefleckte Bohnen (Wachtelbohnen oder eine andere Sorte), 250 g Zwiebeln, 3 Eßl. Öl, Salz, frisch gemahlener Pfeffer, $^{1}/_{4}$ Teel. Ingwerpulver, 125 g Perlgraupen, 1 gestrichener Eßl. Edelsüß-Paprika, $^{3}/_{4}$ – 1 l Brühe.
Für 5 Portionen

Bohnen über Nacht in kaltem Wasser einweichen. Zwiebeln abziehen und in dünne Scheiben schneiden. In einem Schmortopf das Öl erhitzen. Zwiebeln darin hellbraun anbraten. Salz, Pfeffer, Ingwer, Bohnen und Graupen zufügen. Paprika darüberstäuben und so viel Brühe zugießen, daß sie etwa drei Zentimeter hoch über dem Gemüse steht. Den Topf schließen und in den Backofen schieben. Auf 200 Grad/Gas Stufe 3 schalten und etwa zweieinhalb Stunden garen. (Pro Portion ca. 400 Kalorien/1674 Joule; pflanzliches Eiweiß: 16 g, tierisches Eiweiß: 1 g)

Dazu: Vollkornbrot

Weiße Bohnensuppe mit Fenchel

2 Fenchelknollen, 3 Eßl. Öl, $1^1/_2$ l Brühe, 1 Dose weiße Bohnen (850 ml), 100 g Suppennudeln, 2 Teel. Kapern, frisch gemahlener Pfeffer, 200 g Kräuterquark (10 %; fertig gekauft). Für 4 Portionen

Fenchel putzen, in Ringe schneiden und waschen. In einem großen Topf das Öl erhitzen und den Fenchel darin andünsten. Brühe zugießen und zehn Minuten bei mittlerer Hitze kochen. Abgegossene weiße Bohnen, Nudeln, Kapern und Pfeffer zufügen. Die Suppe noch zehn Minuten bei kleiner Hitze kochen. Auf vier Teller verteilen und einen Löffel Kräuterquark auf jede Portion geben. (Pro Portion ca. 535 Kalorien/2240 Joule; pflanzliches Eiweiß: 21 g, tierisches Eiweiß: 8 g)

Hülsenfrüchte in Dosen

Weil die meisten Hülsenfrüchte eine Garzeit von einer Stunde und länger haben, sind Konserven eine zeitsparende Alternative. Hülsenfrüchte werden industriell besonders schonend gegart und sind daher nicht weniger nährstoffhaltig als selbstgekochte. Außerdem behalten gerade die bunten Bohnensorten in der Dose sehr gut ihre Farbe und zerfallen nicht.

Weiße Bohnensuppe mit Paprika

400 g weiße Bohnen, 2 Lorbeerblätter, 1 große Dose Tomaten, Salz, frisch gemahlener Pfeffer, 1 Bund Suppengrün, 3 Paprikaschoten, 4 Eßl. Öl, 3 Eßl. Edelsüß-Paprika, Rosenpaprika, 1 Bund Petersilie. Für 4 Portionen

Die Bohnen über Nacht in eineinhalb Liter Wasser einweichen. Am nächsten Tag mit dem Einweichwasser, Lorbeerblättern und Tomaten (mit der Flüssigkeit) eine Stunde kochen. Mit Salz und Pfeffer würzen. Suppengrün putzen, waschen und würfeln. Paprika putzen, waschen und in Streifen schneiden. In heißem Öl fünf Minuten dünsten. Mit Edelsüß-Paprika bestäuben und umrühren. Zu den Bohnen geben und noch 30 Minuten kochen lassen. Mit Salz und Rosenpaprika abschmecken. Mit gehackter Petersilie bestreut servieren. (Pro Portion ca. 440 Kalorien/1842 Joule; pflanzliches Eiweiß: 26 g)

Dazu: Roggenbrötchen

Scharfe schwarze Bohnen

250 g schwarze Bohnen, 3 Lorbeerblätter, 1 Zwiebel, 1 Knoblauchzehe, 1 Teel. Koriander, Salz, frisch gemahlener Pfeffer, Zitronensaft, Tabasco, 4 Eßl. kaltgepreßtes Olivenöl oder Nußöl. Für 4 Portionen

Bohnen in einem Liter Wasser über Nacht einweichen. Bohnen mit dem Einweichwasser in einen Topf geben. Lorbeerblatt und eine abgezogene Zwiebel zufügen und aufkochen. Knoblauchzehe abziehen und zerdrücken. Zusammen mit Koriander, Salz und frisch gemahlenem Pfeffer zu den Bohnen in den Topf geben. Auf kleinster Hitze im geschlossenen Topf etwa 70 Minuten kochen. Von der Kochstelle nehmen. Eine weitere Stunde quellen lassen. Auf einem Sieb etwas abtropfen lassen und die Lorbeerblätter entfernen. Mit Zitronensaft, Salz und Tabasco kräftig abschmecken. Mit Öl übergießen und lauwarm servieren. (Pro Portion ca. 335 Kalorien/1402 Joule; pflanzliches Eiweiß: 13 g)

Dazu: Getoastetes Roggenbrot und Tomatensalat

Arabische Klößchen (Falafel) mit Gemüse

500 g Kichererbsen, 1 Zwiebel, 1 Teel. Koriander, 1/2 Teel. Kreuzkümmel (Kumin), 3 Teel. Salz, frisch gemahlener Pfeffer, 2 Eßl. Mehl, Fett zum Fritieren, etwa 500 g Gemüse der Saison: Salatgurke, Rotkohl, Zwiebel, Möhren; Soße: 1 Becher Crème fraîche (150 g), 4 Eßl. Tomatensaft, Salz, frisch gemahlener Pfeffer, einige Spritzer Tabasco. Für 6 Portionen

Kichererbsen über Nacht in viel Wasser einweichen und abtropfen lassen. Im Mixer oder im Blitzhacker mit der abgezogenen Zwiebel pürieren. Koriander, Kreuzkümmel, Salz, Pfeffer und Mehl unterkneten. Aus dem Teig kleine Kugeln (etwa drei Zentimeter dick) formen. In heißem Fett etwa drei Minuten goldbraun fritieren. Zum Abtropfen auf Küchenkrepp legen. Das Gemüse waschen, putzen und in kleine Stücke schneiden. Für die Soße Crème fraîche, Tomatensaft, Salz, Pfeffer und Tabasco verrühren. Das Gemüse mit den Klößchen und Soße servieren. (Pro Portion ca. 600 Kalorien/2511 Joule; pflanzliches Eiweiß: 21 g, tierisches Eiweiß: 1 g)

***Tip:** Frische Brötchen oder Fladenbrot aufschneiden und mit Klößchen und Gemüse füllen.*

Kichererbsen mit Kartoffeln und Ingwer

3 Knoblauchzehen, 1 Stück frische Ingwerknolle (etwa 3 cm), 2 Zwiebeln, 3 Eßl. Olivenöl, 1 kg Kartoffeln, 1 Dose Kichererbsen (850 ml), 1/4 Teel. gemahlener Kreuzkümmel (Kumin), 1/2 Teel. Kurkuma (Gelbwurz), frisch gemahlener Pfeffer, 1/2 l Brühe, Zitronensaft. Für 4 Portionen

Knoblauchzehen, Ingwer und Zwiebeln schälen und im Blitzhacker oder mit dem Pürierstab des Handrührgeräts zu einem feinen Mus zerkleinern. Unter Rühren etwa fünf Minuten in heißem Öl andünsten. Kartoffeln schälen und kleinwürfeln. Abgegossene Kichererbsen und Kartoffelwürfel zum Knoblauch-

Ingwermus in den Topf geben. Kreuzkümmel, Kurkuma, Pfeffer und Brühe zufügen. 15 Minuten bei kleiner Hitze im geschlossenen Topf kochen. Mit Pfeffer, Salz und Zitronensaft abschmecken und noch zehn Minuten auf der abgeschalteten Platte ziehen lassen. (Pro Portion ca. 620 Kalorien/2595 Joule; pflanzliches Eiweiß: 16 g)

Gelbe Erbsen mit Porree und Rotwein

2 Stangen Porree, 3 Eßl. Öl, 1 Knoblauchzehe, 1 Dose gelbe Erbsen (850 ml), 2 Eßl. Tomatenmark, 1/4 l Rotwein, 1 Teel. Thymian, Salz, frisch gemahlener Pfeffer. Für 4 Portionen

Porree putzen, in feine Ringe schneiden und waschen. Öl in einem Topf erhitzen und den Porree darin glasig dünsten. Knoblauch abziehen und zerdrückt zum Porree geben. Abgegossene Erbsen, Tomatenmark, Rotwein, Thymian, Salz und Pfeffer zugeben. Im geschlossenen Topf bei kleiner Hitze etwa 15 Minuten schmoren. Eventuell nach zehn Minuten noch einen bis zwei Eßlöffel Wasser zufügen. (Pro Portion 325 Kalorien/1360 Joule; pflanzliches Eiweiß: 13 g)

Dazu: Salzkartoffeln und saure Sahne

Milchmix mit Johannisbrot

1/2 l Milch, 2 Eßl. Honig, 1 Prise Zimt, 3 Eßl. Johannisbrotmehl, Eiswürfel. Für 4 Gläser

Alle Zutaten in einen Mixer geben und gründlich durchmixen. Johannisbrotmehl läßt sich nur im Mixer untermischen, ohne Klümpchen zu bilden. Das Mixgetränk in vier Gläser verteilen und mit Eiswürfeln servieren. (Pro Portion ca. 140 Kalorien/586 Joule; pflanzliches Eiweiß: 1 g, tierisches Eiweiß: 4 g)

Johannisbrot

Diese Hülsenfrucht wird überwiegend aus dem Mittelmeerraum nach Deutschland importiert. Die etwa 20 Zentimeter langen braunen Schoten werden getrocknet in Gemüsegeschäften angeboten. Das Fruchtmark enthält bis zu 50 Prozent Zucker und hat einen leichten Kakaogeschmack. In alternativen Läden werden Süßigkeiten aus Johannisbrotmehl oft unter dem englischen Namen Carob verkauft. Das aus Johannisbrot gewonnene Mehl wird mit dem Markennamen Kharba im Handel angeboten.

4

Nudeln, Reis und Kartoffeln

Schade drum, wenn Sie bisher die vielseitigen Sattmacher nur solo als Beilage gegessen haben. In diesem Kapitel stehen sie im Mittelpunkt und zeigen, wie köstlich sie als Hauptgericht schmecken.

Fenchel mit Bandnudeln und Tomaten

2 Fenchelknollen (etwa 500 g), 500 g kleine Tomaten, 3 Eßl. Öl, Salz, 500 g grüne Bandnudeln, 50 g Butter, 1 Bund Basilikum, 100 g frisch geriebener Parmesankäse. Für 4 Portionen

Fenchelknollen putzen, waschen, halbieren und in Scheiben schneiden. Tomaten mit kochendem Wasser übergießen und die Haut abziehen. Fenchel in heißem Öl bei kleiner Hitze etwa 25 Minuten im geschlossenen Topf schmoren. Eventuell ein bis zwei Eßlöffel heißes Wasser zugeben. In einem großen Topf etwa zwei Liter Wasser mit Salz zum Kochen bringen. Öl zufügen, aufkochen lassen und die Bandnudeln darin in etwa zehn Minuten bißfest kochen. Abgießen und abtropfen lassen. Butter in einem Topf schmelzen und die abgezogenen Tomaten darin von allen Seiten kurz andünsten. Basilikum waschen, kleinschneiden, mit den Nudeln zufügen und vorsichtig durchmischen. Fenchel auf den Nudeln anrichten und mit geriebenem Parmesankäse bestreuen. (Pro Portion ca. 860 Kalorien/3599 Joule; pflanzliches Eiweiß: 20 g, tierisches Eiweiß: 9 g)

Dazu: Crème fraîche

Spätzle mit Gemüse

200 g Spätzle, Salz, 4 Zucchini (etwa 400 g), 3 Fleischtomaten (etwa 500 g), 2 Zwiebeln, 3 Eßl. Öl, 1/4 l Brühe, 1 Becher Crème fraîche (150 g), 1 Stiel Estragon (ersatzweise 1/4 Teel. getrockneter), frisch gemahlener Pfeffer. Für 3 Portionen

Spätzle in Salzwasser je nach Sorte 10 bis 20 Minuten kochen. Inzwischen Zucchini waschen und in Scheiben schneiden. Tomaten mit kochendem Wasser übergießen und die Haut abziehen. Zwiebeln würfeln und in heißem Öl glasig dünsten. Zucchini, Tomaten (in Scheiben) und Brühe zufügen und im offenen Topf sechs bis acht Minuten kochen. Crème fraîche und gehackten Estragon zufügen und aufkochen lassen. Mit Salz und Pfeffer abschmecken. Gemüse mit den abgetropften Spätzle mischen. (Pro Portion ca. 650 Kalorien/2720 Joule; pflanzliches Eiweiß: 10 g, tierisches Eiweiß: 2 g)

Spaghetti mit Salbei und Haselnußblättchen

500 g Spaghetti, Salz, 1 großes Bund Salbei, 6 Eßl. Olivenöl, 1 Knoblauchzehe, 50 g Haselnußblättchen, 100 g frisch geriebener Parmesankäse. Für 4 Portionen

Spaghetti in etwa acht Minuten in Salzwasser bißfest kochen. Inzwischen abgezupfte Salbeiblätter in heißem Öl knusprig braten. Zerdrückten Knoblauch und Haselnußblättchen zufügen und kurz mitbraten. Abgetropfte Nudeln in einer vorgewärmten Schüssel mit der Salbei-Ölmischung vermengen. Mit Parmesan servieren. (Pro Portion ca. 840 Kalorien/3516 Joule; pflanzliches Eiweiß: 18 g, tierisches Eiweiß: 9 g)

Dazu: Gemischter Salat

Makkaroni mit Olivensoße

100 g grüne Oliven (eine große Sorte mit Stein), 1 Becher Crème fraîche (200 g), 500 g kurze Makkaroni (oder Zöpfe), Salz, 3 Eßl. Olivenöl, 50 g Doppelrahm-Frischkäse, frisch gemahlener Pfeffer. Für 4 Portionen

Die Oliven halbieren und mit einem spitzen Messer den Stein herauslösen. Olivenfleisch im Mixer oder Blitzhacker pürieren. Mit Crème fraîche verrühren und bei kleinster Hitze in einem kleinen Topf anwärmen, nicht kochen! Makkaroni in Salzwasser in etwa acht Minuten bißfest kochen und abtropfen lassen. In einer vorgewärmten Schüssel mit dem Olivenöl mischen. Nudeln mit der Olivensoße, Frischkäse in Flöckchen und frisch gemahlenem Pfeffer servieren. (Pro Portion ca. 860 Kalorien/3600 Joule; pflanzliches Eiweiß: 16 g, tierisches Eiweiß: 3 g)

Dazu: Tomatensalat mit Basilikum

Nudeln al dente kochen
Alle Nudeln schmecken noch einmal so gut, wenn sie nicht weich und klebrig auf den Tisch kommen, sondern den Zähnen noch ein bißchen Widerstand bieten. Die Italiener nennen das »al dente« (für den Zahn). Dafür die Nudeln in reichlich Salzwasser (etwa ein Liter pro 100 Gramm Nudeln) nur knapp gar kochen. Das geht am besten, wenn man den Küchenwecker eine Minute kürzer einstellt als angegeben, eine Nudel herausfischt und probiert. Wenn die Nudeln richtig sind, sofort auf einem bereitgestellten Sieb abtropfen lassen und in einer vorgewärmten Schüssel mit etwas Öl oder Butter mischen. Die Nudeln immer erst kochen, wenn die Gäste schon am Tisch sitzen, denn warm halten lassen sie sich ohne Geschmackseinbuße nicht.

Lasagne

300 g Weizenmehl (Type 1050), 300 g gekochter Blattspinat (oder Tiefkühl-Spinat), 3 Eier (Gewichtsklasse 3), 3 Teel. Öl, 1/2 Teel. Salz, etwa 50 g Mehl zum Verkneten, 200 g Sojahackfleisch (getrocknet), 400 ccm Brühe (oder Salzwasser), 2 Zwiebeln, 20 g Margarine, 100 ccm trockener Weißwein, 1 Dose Tomatenmark, 1 Becher Crème fraîche (200 g), 1/2 Teel. Oregano, Salz, frisch gemahlener Pfeffer, 2 Päckchen helle Soße, 200 ccm Milch, 100 g Quark (10 %), 100 g geriebener Käse, Fett für die Form, 20 g Butter zum Bestreichen. Für 5 Portionen

Mehl mit zwei gehäuften Eßlöffeln gut ausgedrücktem, feingehacktem Spinat, Eiern, Öl und Salz in eine Schüssel geben. Mit den Knethaken des Handrührgeräts so durchmischen, daß ein bröseliger Teig entsteht. Auf einer gut bemehlten Arbeitsplatte mit den Händen zu einem elastischen Teig verkneten. Dabei eßlöffelweise Mehl unterkneten: Der Teig sollte eine sehr feste Beschaffenheit haben. Zum Durchkneten den Teig eventuell in zwei oder drei Portionen teilen, dann geht es leichter. In Folie verpackt eine Stunde ruhenlassen.
Inzwischen die Sojafüllung und die Soße vorbereiten: Sojahack mit Brühe übergießen und zehn Minuten quellen lassen. Zwie-

beln abziehen und fein würfeln. In einer großen Pfanne in heißer Margarine andünsten. Sojahack zufügen und kräftig anbraten. Wein, Tomatenmark, Crème fraîche und fein zerriebenes Oregano unterrühren. In der offenen Pfanne bei mittlerer Hitze zehn Minuten kochen lassen. Mit Salz und Pfeffer kräftig würzen. Die helle Soße nach Anweisung auf der Packung mit Milch und 250 Kubikzentimeter Wasser zubereiten. Von der Kochstelle nehmen. Quark und geriebenen Käse (bis auf einen Eßlöffel zum Bestreuen) untermischen. Den Nudelteig portionsweise auf der bemehlten Arbeitsfläche (oder besser mit der Nudelmaschine) hauchdünn ausrollen. Etwa acht bis zehn Teigquadrate von etwa 15 Zentimeter Kantenlänge ausschneiden und aufeinanderstapeln. Den Boden einer gefetteten ofenfesten Form mit der Sojafüllung bedecken. Mit einigen Nudelplatten so abdecken, daß der Teig etwas über den Formrand hinausragt. Sojafüllung, Spinat, helle Soße und Teigplatten abwechselnd in die Form schichten. Die Teigränder am Formrand zuletzt locker nach innen einschlagen. Die Oberfläche mit dem restlichen Käse bestreuen und die Ränder mit flüssiger Butter bestreichen. Form mit Alufolie verschließen und in den Backofen schieben. Auf 200 Grad/Gas Stufe 3 schalten und die Lasagne 40 Minuten backen. Folie abnehmen und weitere 15 Minuten bräunen. (Pro Portion ca. 740 Kalorien/3097 Joule; pflanzliches Eiweiß: 15 g, tierisches Eiweiß: 14 g)

Dazu: Grüner Salat

Erschrecken Sie nicht über die Länge des Rezepts. Die Lasagne macht zwar etwas Arbeit, ist aber dafür leicht vorzubereiten. Die rohen Lasagneblätter können Sie über Nacht leicht bemehlt und fest in Folie verpackt im Kühlschrank aufheben. Sojafüllung und Soße lassen sich ebenfalls am Vortag zubereiten. Eine Stunde bevor die Familie essen will oder die Gäste kommen, nur noch die Zutaten in die Form schichten und in den Ofen schieben. Wenn es Ihnen zuviel Mühe macht, den Nudelteig selbst zu kneten, können Sie natürlich auch Lasagneblätter fertig kaufen. Sie benötigen 300 Gramm für dieses Rezept.

Spaghetti mit Basilikumsoße

Etwa 50 g Basilikum, 2 Bund glatte Petersilie, 3 Knoblauchzehen, 50 g Pinienkerne (ersatzweise Cashewkerne), $^{1}/_{8}$ l kaltgepreßtes Olivenöl, 50 g geriebener Parmesankäse, 500 g Spaghetti, Salz, frisch gemahlenen Pfeffer. Für 4 Portionen

Basilikum und Petersilie waschen und trockentupfen. Knoblauchzehen abziehen. Grob zerkleinerte Kräuter, Knoblauch, Pinienkerne und Olivenöl mit dem Pürierstab des Handrührgeräts oder im Mixer zu einer glatten Paste zerkleinern. Parmesan untermischen. Die Nudeln in einem großen Topf mit Salzwasser in etwa acht Minuten bißfest kochen. Abgießen und abtropfen lassen. In eine vorgewärmte Schüssel geben. Basilikumsoße mit zwei Eßlöffel heißem Nudelwasser mischen, mit Salz und Pfeffer nachwürzen. Mit den Nudeln mischen. (Pro Portion ca. 910 Kalorien/3809 Joule; pflanzliches Eiweiß: 20 g, tierisches Eiweiß: 4 g)

Dazu: Gemischter Salat

Basilikumsoße

Die Soße stammt aus der italienischen Küche, heißt dort Pesto und wird ursprünglich nur mit Basilikum hergestellt. Man kann sie aber auch (wie in diesem Rezept) mit Petersilie »strecken«, denn Basilikum ist in Deutschland auch im Sommer recht teuer. Pesto läßt sich übrigens auch gut auf Vorrat zubereiten. Dann das Öl nicht zufügen, sondern die Kräuterpaste in ein fest verschließbares Glas füllen und mit Öl bedecken. So hält sich das Pesto im Kühlschrank mindestens zwei Wochen frisch, meist aber länger.

Selbstgemachte Roggen-Nudeln mit Kräutern

300 g Roggenmehl (Type 1370 oder 997), 3 Eier, Salz, 3 Teel. Öl, 150 g frisch geriebener Parmesankäse, 2 Bund Basilikum, 1 Bund Petersilie, 2 – 3 Knoblauchzehen, 100 ccm kaltgepreßtes Öl (Oliven-, Sonnenblumen- oder Nußöl), 3 Eßl. Schlagsahne, frisch gemahlener Pfeffer, 50 g Mandeln (oder Cashewkerne). Für 4 Portionen

Roggenmehl in eine Schüssel geben. Eier, Salz und Öl zugeben. Mit den Knethaken des Handrührgeräts alles zu einem bröseligen, trockenen Teig verkneten. Mit den Händen auf der Arbeitsfläche weiterkneten, bis ein elastischer Teig entstanden ist. Das dauert zehn bis fünfzehn Minuten. In Klarsichtfolie verpacken und etwa eine Stunde beiseite stellen. Inzwischen Basilikum und Petersilie waschen und abtrocknen. Knoblauchzehen abziehen. Parmesankäse, Basilikum, Petersilie, Knoblauch, Öl, Schlagsahne, Pfeffer und Mandeln im Mixer oder mit dem Pürierstab des Handrührgeräts zu einer cremigen Soße pürieren. Den Nudelteig in zwei bis drei Portionen auf einer bemehlten Arbeitsfläche hauchdünn ausrollen. Jede Portion locker aufrollen und mit einem scharfen Messer in schmale Streifen schneiden. In reichlich kochendes Salzwasser geben und etwa zwei bis drei Minuten sprudelnd kochen lassen. Die Nudeln auf einem Sieb abtropfen lassen und in einer vorgewärmten Schüssel mit der Kräutersoße vermischen. Sofort servieren. (Pro Portion ca. 730 Kalorien/ 3056 Joule; pflanzliches Eiweiß: 7 g, tierisches Eiweiß: 17 g)

Hörnchennudeln mit Tomaten und Kresse

1 Bund Suppengrün, 3 Eßl. Öl, 2 Knoblauchzehen, 1 große Dose Tomaten, Salz, 500 g Vollkorn-Hörnchennudeln, Pfeffer, 1 Becher körniger Frischkäse (200 g), 1 Kästchen Kresse, 50 g frisch geriebener Parmesankäse. Für 4 Portionen

Suppengrün putzen, waschen und sehr fein hacken, am besten im Blitzhacker. In einer Pfanne mit heißem Öl etwa fünf Minuten andünsten. Abgezogenen, zerdrückten Knoblauch und die Tomaten (mit Flüssigkeit) zufügen und bei großer Hitze in der offenen Pfanne cremig einkochen lassen. Die Tomatenmischung mit Salz, Pfeffer und Frischkäse mischen. Nudeln in etwa sechs bis acht Minuten bißfest kochen. Abgießen und abtropfen lassen. In einer vorgewärmten Schüssel mit der Soße mischen und mit Kresse und Parmesan bestreut anrichten. (Pro Portion ca. 700 Kalorien/2930 Joule; pflanzliches Eiweiß: 17 g, tierisches Eiweiß: 11 g)

Dazu: Grüner Salat

Gebackene Eier auf Nudeln

500 g Quark (20 %), 5 Eßl. Schlagsahne, 1 Eßl. Tomatenmark, 1 Teel. getrockneter Thymian, 1 Bund Bohnenkraut, Salz, frisch gemahlener Pfeffer, 1 Knoblauchzehe, etwa 300 g gekochte Nudeln, 3 Fleischtomaten, Fett für die Form, 3 Eier, 30 g Butter. Für 3 Portionen

Quark mit Sahne, Tomatenmark, Thymian und einer Hälfte des feingeschnittenen Bohnenkrauts mischen. Mit Salz, Pfeffer und zerdrückter Knoblauchzehe würzen. Nudeln und Tomaten in Scheiben in die gefettete, ofenfeste Form geben. Quarkmischung darauf verteilen. Mit einem Eßlöffel drei Vertiefungen in den Quark drücken und die rohen Eier hineingleiten lassen. Mit Butterflöckchen belegen und mit dem restlichen Bohnenkraut bestreuen. In den Backofen schieben, auf 200 Grad/Gas Stufe 3 schalten und etwa 30 Minuten backen, bis die Eier erstarrt, aber nicht gebräunt sind. Eventuell mit Pergamentpapier abdecken. (Pro Portion ca. 835 Kalorien/3495 Joule; pflanzliches Eiweiß: 15 g, tierisches Eiweiß: 29 g)

Dazu: Gurkensalat

Reispizza mit Zucchini

125 g Natur-Langkornreis, 1/8 l Milch, 2 Zwiebeln, 1,2 kg Zucchini, 4 Eßl. Öl, 1 Knoblauchzehe, 5 Eier, 70 g frisch geriebener Parmesankäse (oder alter Gouda), 1 Zweig Thymian, 1 Zweig Rosmarin, 1 Bund Petersilie, 1 Teel. Tomatenmark, Salz, frisch gemahlener Pfeffer, Fett für die Form, 30 g Butter oder Margarine, 2 Eßl. gemahlene Walnüsse. Für 4 Portionen

Den Reis mit Milch und einem Achtelliter Wasser aufkochen. Bei kleinster Hitze 20 Minuten garen. Von der Kochstelle nehmen und im geschlossenen Topf weitere zehn Minuten ausquellen lassen. Zwiebeln abziehen und sehr fein würfeln. Zucchini waschen, putzen und in dünne Scheiben schneiden. Portionsweise in heißem Öl andünsten und auf Küchenkrepp abtropfen lassen. Zwiebelwürfel und zerdrückten Knoblauch im Bratfett andünsten. Die Eier mit dem geriebenen Käse verrühren. Thymianblättchen und Rosmarinnadeln von den Stielen zupfen und zusammen mit der Petersilie fein hacken. Zwiebelmischung, Kräuter, Tomatenmark und Reis mit der Ei-Käsemasse verrühren. Mit Salz und Pfeffer kräftig abschmecken. Mit den Zucchinischeiben mischen und in eine gefettete Springform (Durchmesser 26 Zentimeter) füllen. Fett in Flöckchen und gemahlene Walnüsse darüber verteilen. In den Backofen schieben, auf 200 Grad/Gas Stufe 3 schalten und etwa 50 Minuten backen. Heiß oder lauwarm servieren. (Pro Portion ca. 600 Kalorien/2512 Joule; pflanzliches Eiweiß: 5 g, tierisches Eiweiß: 16 g)

Dazu: Tomaten-Gurkensalat

Naturreis

Es gibt ungeschälten Reis auch unter dem Namen Braunreis oder Vollreis zu kaufen. Im Vergleich zu poliertem (weißem) Reis enthält Naturreis die siebenfache Menge Vitamin B1, doppelt soviel Kalzium und mehr als dreimal soviel Eisen. Naturreis hat eine fünf bis fünfzehn Minuten längere Kochzeit und einen kernigeren Biß als polierte Sorten.

Gemüserisotto

1 Blumenkohl, 2 Kohlrabi (etwa 500 g), 250 g Möhren, 200 g Natur-Rundkornreis, 1 Zwiebel, 2 Eßl. Öl, 300 g Palerbsen (ersatzweise 1 Paket Tiefkühl-Erbsen), 1/2 l Brühe, Salz, frisch gemahlener Pfeffer, 125 g Kräuterfrischkäse. Für 4 Portionen

Blumenkohl putzen, in Röschen zerteilen und waschen. Kohlrabi schälen und in Scheiben schneiden, Möhren schaben oder schälen, waschen und würfeln. Reis in ein Sieb geben und unter fließendem Wasser waschen, bis das Wasser klar bleibt. Zwiebel abziehen und würfeln. In heißem Öl in einer großen Pfanne glasig dünsten. Reis zufügen und kurz mit andünsten. Eine Hälfte der Brühe zufügen. Zehn Minuten bei kleiner Hitze in der geschlossenen Pfanne kochen. Blumenkohl, Kohlrabi, Möhren und Erbsen zugeben und weitere 20 Minuten bei kleiner Hitze ohne Deckel kochen. Dabei ab und zu Brühe nachgießen und umrühren, damit das Risotto saftig bleibt. Mit Salz und Pfeffer würzen. Kräuterfrischkäse in Flöckchen auf dem Risotto verteilen. (Pro Portion ca. 490 Kalorien/2051 Joule; pflanzliches Eiweiß: 14 g, tierisches Eiweiß: 5 g)

Pellkartoffeln mit Kräutersoße

750 g Kartoffeln, Salz, 1 Teel. Kümmel, 1 Becher Crème fraîche (150 g), 1 Becher Dickmilch (500 g), 1 Eßl. süßer grober Senf, 1 Zwiebel, 1 hartgekochtes Ei, je 2 Bund Dill und Schnittlauch, frisch gemahlener Pfeffer. Für 3 Portionen

Kartoffeln unter fließendem Wasser abbürsten. In Salzwasser mit Kümmel 20 Minuten kochen. Crème fraîche mit Dickmilch und Senf verrühren. Zwiebel und Ei schälen und sehr fein hacken. Dill und Schnittlauch waschen, abtrocknen und hacken. Zwiebel, Ei und Kräuter unter die Dickmilchmischung rühren. Mit Salz und Pfeffer nachwürzen. Schale von den Kartoffeln abziehen (bei kleinen neuen Kartoffeln nicht nötig) und

mit der Kräutersoße servieren. (Pro Portion ca. 465 Kalorien/1946 Joule; pflanzliches Eiweiß: 5 g, tierisches Eiweiß: 10 g)
Dazu: Tomatensalat

Kartoffel-Auberginenauflauf

1 kg Kartoffeln, Salz, 800 g Auberginen, 10 Eßl. Olivenöl, 2 Pakete Mozzarella-Käse à 150 g, 2 Zwiebeln, 2 Knoblauchzehen, 1 große Dose Tomaten, 1 Bund Thymian (ersatzweise 2 Teel. getrockneter), frisch gemahlener Pfeffer. Für 4 Portionen

Kartoffeln in der Schale in Salzwasser 20 Minuten kochen. Auberginen waschen, putzen und in Scheiben schneiden. Scheiben nebeneinanderlegen und mit Salz bestreuen. 30 Minuten stehenlassen und den Saft mit Küchenkrepp abtupfen. In einer großen Pfanne in acht Eßlöffel Öl von beiden Seiten braun braten. Auf Küchenkrepp abtropfen lassen. Kartoffeln schälen und in Scheiben schneiden. Mozzarella abtropfen lassen und ebenfalls in Scheiben schneiden. Auberginen, Kartoffeln und Käse schuppenförmig in eine ofenfeste, flache Form schichten. Zwiebeln und Knoblauch abziehen und würfeln. Im restlichen Öl in der Pfanne andünsten. Tomaten mit der Flüssigkeit zufügen. Thymianblättchen zu den Tomaten in die Pfanne geben. Bei großer Hitze in der offenen Pfanne kochen, bis die Flüssigkeit fast verdampft ist. Salzen und pfeffern. Das Tomatenmus auf den übrigen Zutaten in der Form verteilen. In den Backofen schieben. Auf 250 Grad/Gas Stufe 3 schalten und etwa 15 bis 20 Minuten überbacken. (Pro Portion ca. 730 Kalorien/3056 Joule; pflanzliches Eiweiß: 7 g, tierisches Eiweiß: 14 g)

Reibekuchen

600 g Kartoffeln, 1 Ei, 1 Eßl. Haferflocken, Salz, 1 Bund Schnittlauch, Öl zum Braten. Für 4 Portionen

Kartoffeln schälen, waschen und auf der Gemüsereibe oder im Blitzhacker fein reiben. Ei, Haferflocken und Salz unterrühren. Schnittlauch waschen, trockentupfen und fein schneiden. Unter den Kartoffelteig mischen. Öl in einer Pfanne erhitzen. Jeweils zwei bis drei Eßlöffel Teig pro Pfannkuchen hineingeben und von beiden Seiten knusprig braun braten. Nach und nach etwa 15 Reibekuchen braten. Frisch aus der Pfanne servieren. (Pro Portion ca. 305 Kalorien/1277 Joule; pflanzliches Eiweiß: 3 g, tierisches Eiweiß: 2 g)

Schmorkartoffeln mit Ingwer

1 kg kleine Kartoffeln (festkochende Sorte), Salz, 1 Zwiebel, 4 Eßl. Öl, 2 Möhren, 350 g Champignons, 2 Teel. Kurkuma, 1 Stückchen frische Ingwerwurzel (etwa 3 cm), Cayennepfeffer, 1/4 l Brühe, 1 Paket Tiefkühl-Erbsen (400 g), grober Pfeffer aus der Mühle, 1 Bund Petersilie, 1 Sahnejoghurt. Für 4 Portionen

Kartoffeln waschen und mit Schale zehn Minuten in Salzwasser kochen. Abgießen und schälen. Zwiebelwürfel in einem Topf in heißem Öl glasig dünsten. Grob geraspelte Möhren, geputzte halbierte Pilze und Kartoffeln zufügen. Alles zusammen bei kleiner Hitze im geschlossenen Topf zehn Minuten schmoren. Kurkuma, geriebenen Ingwer, Salz und eine Prise Cayennepfeffer zufügen. Vorsichtig umrühren. Brühe und Erbsen zugeben und noch zehn Minuten im geschlossenen Topf garen. Mit Pfeffer und gehackter Petersilie bestreuen. Mit Joghurt servieren. (Pro Portion ca. 460 Kalorien/1925 Joule; pflanzliches Eiweiß: 12 g, tierisches Eiweiß: 4 g)

Kartoffelgratin mit Majoran

1,2 kg Kartoffeln, 200 g Zwiebeln, Fett für die Form, Salz, frisch gemahlener Pfeffer, 150 g Gouda- oder Emmentaler Käse, 1 Becher Schlagsahne (250 g), 1 Bund frischer Majoran, 40 g Butter. Für 4 Portionen

Kartoffeln schälen und auf dem Gemüsehobel in hauchdünne Scheiben schneiden. Zwiebeln abziehen und in feine Ringe schneiden. Eine ofenfeste Form fetten. Kartoffel- und Zwiebelscheiben in die Form schichten, dabei jede Schicht salzen und pfeffern. Käse grob raspeln und mit der Sahne mischen. Majoran abspülen, trockentupfen und hacken. Zuerst Majoran, dann die Sahne über die Kartoffeln geben. Falls sie (je nach Art der Form) nicht bis zur Hälfte bedeckt sind, noch etwas Brühe oder Wasser zugießen. Mit Butterflöckchen belegen und in den Backofen schieben. Auf 220 Grad/Gas Stufe 4 schalten und etwa 45 Minuten backen. In der Form servieren. (Pro Portion ca. 660 Kalorien/2763 Joule; pflanzliches Eiweiß: 5 g, tierisches Eiweiß: 10 g)

Dazu: Tomaten-Gurkensalat

Überbackene Kartoffeln mit Tomaten

8 – 10 mittelgroße Kartoffeln (etwa 1,2 kg), je 1 Bund Basilikum und Thymian, 1 kg Fleischtomaten, Fett für die Form, Salz, frisch gemahlener Pfeffer, 1 Becher Schlagsahne (250 g), 150 g Butterkäse. Für 4 Portionen

Kartoffeln waschen, schälen und der Länge nach halbieren. Basilikum und Thymian waschen, abtrocknen und getrennt fein hacken. Tomaten mit kochendem Wasser übergießen und die Haut abziehen. Kartoffeln mit der Schnittfläche nach unten in eine gefettete, ofenfeste Form setzen. Tomaten und Thymian drumherum verteilen. Mit Salz und Pfeffer bestreuen. Schlagsahne darübergießen. Mit grobgeraspeltem oder gewürfeltem Käse bestreuen. Die Form mit einem Deckel oder mit Alufolie verschließen. In den Backofen schieben, auf 200 Grad/Gas Stufe 3 schalten und etwa 60 Minuten backen. Weitere 10 Minuten ohne Deckel bräunen. Mit Basilikum bestreut in der Form servieren. (Pro Portion ca. 600 Kalorien/2512 Joule; pflanzliches Eiweiß: 7 g, tierisches Eiweiß: 9 g)

Kartoffelpüree

750 g Kartoffeln (mehlig festkochende Sorte), Salz, $^1/_8$ l Milch, 2 Eigelb, Muskat, 20 g Butter oder Margarine. Für 3 Portionen

Kartoffeln schälen, waschen, vierteln und in wenig Salzwasser 20 Minuten kochen. Die Milch in einem Topf erhitzen. Abgetropfte Kartoffeln durch eine Presse drücken oder mit einem Stampfer zerkleinern. In die heiße Milch geben und Eigelb unterrühren. Mit Muskat und Salz nachwürzen und mit zerlassener Butter oder Margarine servieren. (Pro Portion ca. 300 Kalorien/1255 Joule; pflanzliches Eiweiß: 4 g, tierisches Eiweiß: 3 g)

Kartoffeln und Ei
Beide Zutaten enthalten Eiweiß und sind leicht verdaulich. Das Besondere an der Kombination von Kartoffeln und Ei ist, daß sich der Eiweißgehalt beider in der Qualität so gut ergänzt, daß er den Wert einer Fleischmahlzeit übertrifft. Ein Kartoffelpüree mit Ei (Rezept wie oben) ist mit einem Salat als Beilage eine vollwertige Mahlzeit.

Kartoffelsuppe

1 kg Kartoffeln, 750 g Möhren, 50 g Butter oder Margarine, $1^1/_2$ l Brühe, Salz, frisch gemahlener Pfeffer, 1 Eßl. Edelsüß-Paprika, 1 Stange Porree, 1 Bund Petersilie, $^1/_2$ Becher Schlagsahne (125 g). Für 4 Portionen

Kartoffeln und Möhren schälen und in Stücke schneiden. In heißem Fett andünsten. Brühe zugießen. Mit Salz, Pfeffer und Paprika würzen. Zugedeckt 30 Minuten kochen. Porree putzen, waschen und in Ringe schneiden. Zufügen und weitere 15 Minuten kochen. Die Hälfte der Suppe durch ein Sieb streichen oder im Mixer pürieren. Petersilie waschen, hacken und mit der Sahne unter die Suppe rühren. Mit Salz und Pfeffer abschmecken. (Pro Portion ca. 450 Kalorien/1883 Joule; pflanzliches Eiweiß: 7 g, tierisches Eiweiß: 1 g)

Dazu: Eierkuchen

Überbackene Kartoffeln mit Lauchzwiebeln

1 kg Kartoffeln, 500 g Lauchzwiebeln, 1 Becher körniger Frischkäse (200 g), Fett für die Form, Salz, 2 Zweige Rosmarin (ersatzweise 1 Eßl. getrockneter), 1 Becher saure Sahne (200 g), 2 Eier, frisch gemahlener Pfeffer. Für 3 Portionen

Gewaschene Kartoffeln mit Schale 20 Minuten kochen. Abkühlen lassen, schälen und in Scheiben schneiden. Lauchzwiebeln putzen und in Ringe schneiden. Kartoffelscheiben, Lauchzwiebeln und die Hälfte des Käses abwechselnd in eine gefettete, ofenfeste Form schichten. Jede Lage mit Salz und etwas Rosmarin würzen. Saure Sahne mit Eiern, Salz, Pfeffer und zerriebenem Rosmarin verrühren und über die Kartoffeln gießen. Restlichen Frischkäse gleichmäßig darauf verteilen. In den Backofen schieben, auf 200 Grad/Gas Stufe 3 schalten und etwa 40 Minuten backen. (Pro Portion ca. 500 Kalorien/2093 Joule; pflanzliches Eiweiß: 7 g, tierisches Eiweiß: 10 g)

Dazu: Gemischter Salat

Buntes Gemüse mit Ei

Orangen-Eiersalat mit Safran

Mariniertes Gemüse

Arabische Klößchen (Falafel) mit Gemüse

Fenchel mit Bandnudeln und Tomaten

Überbackener Buchweizen mit Tomaten

Lasagne

Schmorkartoffeln mit Ingwer

Serviettenknödel

Birnen-Eierkuchen

Walnußbrot

Knusperwaffeln

Kartoffel-Eierkuchen

500 g Kartoffeln, Salz, 1/2 Bund frischer Majoran (ersatzweise 1/2 Teel. getrockneter), 5 Eßl. Öl, 6 Eier, 3 Eßl. Milch. Für 2 Portionen

Kartoffeln unter fließendem Wasser abbürsten. In Salzwasser 20 Minuten kochen. Die Schale abziehen und die Kartoffeln in Scheiben schneiden oder würfeln. Majoran waschen, trockentupfen und fein hacken. Kartoffeln und Majoran in zwei Eßlöffel Öl hellbraun anbraten. Aus der Pfanne nehmen und abkühlen lassen. Eier mit Milch und Salz verquirlen und die Kartoffeln untermischen. Restliches Öl in der Pfanne erhitzen. Kartoffel-Ei-Mischung hineingeben. Bei kleiner Hitze in der geschlossenen Pfanne fünf bis sieben Minuten braten. Mit einem flachen Teller oder dem Pfannendeckel wenden und auf der zweiten Seite nochmals etwa fünf Minuten braten. (Pro Portion ca. 720 Kalorien/3014 Joule; pflanzliches Eiweiß: 4 g, tierisches Eiweiß: 22 g)

Dazu: Spinat- oder Fenchelsalat

Bratkartoffeln mit Sonnenblumenkernen

1 kg festkochende Kartoffeln, Salz, 5 Eßl. Öl,
50 g Sonnenblumenkerne, frisch gemahlener Pfeffer,
2 Bund Basilikum (ersatzweise Petersilie). Für 4 Portionen

Kartoffeln waschen und in Salzwasser 20 Minuten kochen. Abgießen und mit kaltem Wasser abspülen. Schale abziehen. Kartoffeln in Scheiben oder kleine Würfel schneiden. Öl in einer Pfanne erhitzen und die Kartoffeln hellbraun anbraten, dabei öfter so vorsichtig wenden, daß sie nicht zerfallen. Sonnenblumenkerne darüberstreuen und noch einige Minuten bei mittlerer Hitze mitbraten. Mit Pfeffer und Salz würzen und mit gewaschenem, fein geschnittenem Basilikum anrichten. (Pro Portion ca. 380 Kalorien/1591 Joule; pflanzliches Eiweiß: 5 g)

Dazu: Rührei

Rosmarinkartoffeln mit Knoblauchcreme

1 kg festkochende Kartoffeln, Salz, 1 Zweig frischer Rosmarin (ersatzweise 2 Teel. getrockneter), 30 g Butter oder Margarine, 3-4 Knoblauchzehen, 1 Becher Crème fraîche, 2 Eigelb, Salz, frisch gemahlener Pfeffer. Für 4 Portionen

Kartoffeln unter fließendem Wasser kräftig abbürsten. In Salzwasser 20 Minuten kochen. Rosmarinnadeln von den Stielen abstreifen und mit einem Messer fein hacken. Kartoffeln schälen und in zerlassenem Fett mit Rosmarin bei mittlerer Hitze unter gelegentlichem Wenden braun braten. Knoblauchzehen abziehen und zerdrücken. Mit Crème fraîche und Eigelb mischen. Mit Salz und Pfeffer würzen. Rosmarinkartoffeln mit der Creme anrichten. (Pro Portion ca. 390 Kalorien/1632 Joule; pflanzliches Eiweiß: 4 g, tierisches Eiweiß: 3 g)

Dazu: Gekochte Eier

Saure Sahnekartoffeln

750 g Kartoffeln, Salz, 2 Bund Schnittlauch, 2 Becher saure Sahne (300 g), 2 Eier, 1 Knoblauchzehe, 20 g Margarine, 100 g geriebener Käse. Für 3 Portionen

Kartoffeln schälen, waschen und in kleine Würfel schneiden. In wenig Salzwasser in zehn Minuten halb gar kochen. Schnittlauch waschen, abtrocknen und in Röllchen schneiden. Mit der sauren Sahne, Eiern und zerdrücktem Knoblauch mischen. Mit Salz abschmecken. Kartoffeln abgießen und abtropfen lassen. Eine ofenfeste Form mit Margarine ausstreichen und die Kartoffeln hineinfüllen. Saure Sahnemischung darüber verteilen. Mit Käse bestreuen und in den Backofen schieben. Auf 200 Grad/Gas Stufe 3 schalten und etwa 30 Minuten backen. (Pro Portion ca. 545 Kalorien/2281 Joule; pflanzliches Eiweiß: 4 g, tierisches Eiweiß: 15 g)

Dazu: Bohnensalat

Kartoffelbällchen mit Käse

500 g Kartoffeln (mehlige Sorte), Salz, 1 Ei, 1 Bund Schnittlauch, 1 Eßl. Crème fraîche, 100 g geriebener Käse, 2 Eßl. Semmelbrösel, 2 Eßl. gemahlene Walnüsse, 40 g Butterschmalz. Für 4 Portionen

Kartoffeln waschen und mit der Schale in Salzwasser 20 Minuten kochen. Schale abziehen und die Kartoffeln durchpressen oder mit einem Kartoffelstampfer fein zerkleinern. Kartoffelbrei, Schnittlauchröllchen, Crème fraîche und geriebenen Käse verrühren. Mit Salz nachwürzen. Semmelbrösel und Walnüsse unterkneten. Kleine flache Bällchen formen und in einer beschichteten Pfanne in heißem Butterschmalz hellbraun braten. (Pro Portion ca. 410 Kalorien/1716 Joule; pflanzliches Eiweiß: 4 g, tierisches Eiweiß: 8 g)

Dazu: Gedünstetes Gemüse

Rösti mit Champignons

2 Lauchzwiebeln, 250 g Champignons, 750 g große Kartoffeln, 3 Eßl. Öl, Salz, frisch gemahlener Pfeffer. Für 2 Portionen

Lauchzwiebeln putzen, waschen und in feine Ringe schneiden. Champignons putzen, kurz abspülen und in Scheiben schneiden. Kartoffeln schälen und grob raspeln. Öl in einer großen Pfanne erhitzen. Zuerst Lauchzwiebeln und Champignons kurz andünsten. Kartoffeln zufügen und in der geschlossenen Pfanne bei kleiner Hitze etwa 15 Minuten braten. Mit Hilfe eines großen Topfdeckels oder Tellers wenden und in der offenen Pfanne noch fünf Minuten von der anderen Seite bräunen. Mit Salz und Pfeffer würzen. (Pro Portion ca. 465 Kalorien/1946 Joule; pflanzliches Eiweiß: 10 g)

Dazu: Spiegelei und grüner Salat

5

Getreide

Hier betreten viele, auch sehr erfahrene Köchinnen und Köche, kulinarisches Neuland. Keine Angst, es erwarten Sie keine Rezepte für „Körnerfresser“, sondern eine große Auswahl raffinierter Gerichte mit Weizen, Roggen, Hafer, Gerste und Hirse. Sie werden feststellen, daß man mit Getreidegerichten auch ausgefuchste Feinschmecker beeindrucken kann.

Paprikaschoten mit Hirsefüllung

2 Zwiebeln, 200 g Hirse, 4 Eßl. Öl, 380 ccm Brühe, 3 Paprikaschoten 150 g milder Käse, 1 Bund Petersilie, 2 Stiele Bohnenkraut, Salz, frisch gemahlener Pfeffer, 30 g Butter. Für 3 Portionen

Zwiebeln abziehen und würfeln. Hirse in heißem Öl unter Rühren kurz andünsten. Zwiebeln zufügen und glasig werden lassen. Brühe zugießen. Im geschlossenen Topf bei kleiner Hitze 20 Minuten garen. Weitere zehn Minuten auf ausgeschalteter Kochstelle ausquellen lassen. Paprikaschoten waschen, längs halbieren und das Kerngehäuse herausschneiden. Den Käse grob raspeln. Petersilie und Bohnenkraut waschen, abtrocknen und fein hacken, dabei sechs kleine, ganze Petersilienzweige zurücklassen. Hirse mit 100 Gramm Käse und gehackten Kräutern mischen und mit Salz und Pfeffer würzen. Die Mischung in die Paprikahälften füllen, mit dem restlichen Käse bestreuen und auf jede Paprikahälfte einen Petersilienzweig legen. Paprikaschoten in eine ofenfeste Form setzen. Mit Butterflöckchen belegen und in den Backofen schieben. Auf 200 Grad/Gas Stufe 3 schalten und etwa 20 Minuten backen. (Pro Portion ca. 785 Kalorien/3286 Joule; pflanzliches Eiweiß: 9 g, tierisches Eiweiß: 14 g)

Dazu: Holländische Soße

Schnelle Hirse-Gemüsesuppe

1 l Brühe, 1 Paket Tiefkühl-Suppengemüse (450 g), 1 Teel. getrockneter Estragon, 100 g Hirse, 4 cl trockener weißer Wermutwein, Salz, frisch gemahlener Pfeffer. Für 4 Portionen

Die Brühe zum Kochen bringen. Suppengemüse, Estragon und Hirse zufügen. Bei kleiner Hitze 20 Minuten kochen. Von der Kochstelle nehmen und noch fünf Minuten quellen lassen. Wermut zugeben und die Suppe mit Salz und Pfeffer nachwürzen. (Pro Portion ca. 170 Kalorien/712 Joule; pflanzliches Eiweiß: 5 g, tierisches Eiweiß: 1 g)

Dazu: Frisch geriebener Parmesan (oder alter Goudakäse) und Mischbrot

Gebratene Hirseklöße mit Tomatensoße

250 g Hirse, Salz, 1 Zwiebel, 1 Knoblauchzehe, 2 Eier, 50 g geriebener Käse, 1 Bund Schnittlauch, 4 Eßl. Öl, 1 kg Tomaten, 100 g Champignons, frisch gemahlener Pfeffer, 1 Teel. Oregano, 2 Eßl. Wein, 1/2 Becher Schlagsahne (100 g). Für 5 Portionen

Hirse über Nacht in einem dreiviertel Liter Wasser einweichen. Im Einweichwasser mit etwas Salz aufkochen. Bei kleiner Hitze 20 Minuten garen. Von der Kochstelle nehmen und weitere zehn Minuten quellen lassen. Inzwischen Zwiebel und Knoblauch abziehen und fein würfeln oder durch die Knoblauchpresse drücken. Die abgekühlte Hirse mit Zwiebel, Knoblauch, Eiern, Salz, Käse und feingeschnittenem Schnittlauch mischen. Kleine, flache Klöße formen und in einer Pfanne in heißem Öl von beiden Seiten goldbraun braten. Warm stellen. Tomaten mit kochendem Wasser übergießen, abziehen und kleinschneiden. Champignons putzen, waschen und in Scheiben schneiden. Im Bratfett der Klöße kurz andünsten. Tomaten zufügen und bei großer Hitze kochen lassen, bis die Flüssigkeit fast verdampft ist. Oregano, Wein und Schlagsahne zugeben. Weitere fünf Minuten bei großer Hitze cremig einkochen. Tomatensoße zu den gebratenen Hirseklößen reichen. (Pro Portion ca. 430 Kalorien/1800 Joule; pflanzliches Eiweiß: 8 g, tierisches Eiweiß: 3 g)

Hirsegratin mit Camembert

150 g Hirse, 275 ccm Brühe, 3 Eier, 1/2 Becher Schlagsahne (100 g), 2 Eßl. Sojasoße, 20 g Butter, 100 g Camembert. Für 3 Portionen

Hirse mit der Brühe zum Kochen bringen. Bei kleinster Hitze 20 Minuten kochen. Kurz abkühlen lassen. Mit Eiern, Schlagsahne und Sojasoße verrühren. In eine flache, gefettete Form füllen, mit Butterflöckchen belegen und in den Backofen schieben. Auf 250 Grad/Gas Stufe 5 schalten und etwa 20 Minuten backen. Camembert in Streifen schneiden und das Gratin damit belegen. Fünf Minuten weiterbräunen und sofort servieren. (Pro Portion ca. 520 Kalorien/2177 Joule; pflanzliches Eiweiß: 6 g, tierisches Eiweiß: 13 g)

Dazu: Tomatensoße und grüner Salat

Gemüseeintopf mit Grünkernklößchen

1/8 l Milch, 75 g Butter oder Margarine, Salz, Muskat, 80 g Grünkernschrot, 1 Ei, 1,5 kg Gemüse (Sorten nach der Jahreszeit, auch Tiefkühl-Gemüse), 2 Zwiebeln, 1 1/2 l Brühe, 1 Bund Petersilie. Für 4 Portionen

Milch mit der Hälfte des Fetts, Salz und Muskat in einem kleinen Topf zum Kochen bringen. Grünkernschrot zufügen und mit einem Holzlöffel rühren, bis sich die Masse als Kloß vom Topfboden löst. Von der Kochstelle nehmen und kurz abkühlen lassen. Das Ei unterrühren. Gemüse putzen, waschen und in mundgerechte Stücke schneiden. Restliches Fett erhitzen und das Gemüse darin zusammen mit den Zwiebeln in Scheiben oder Würfeln unter häufigem Wenden andünsten. Brühe zufügen und 20 Minuten bei kleiner Hitze kochen. Inzwischen mit zwei Teelöffeln Klößchen vom Grünkernteig abstechen. Die Klößchen nach zehn Minuten Kochzeit zum Gemüse in die heiße Brühe geben. Suppe mit gehackter Petersilie bestreut servieren. (Pro Portion ca. 380 Kalorien/1590 Joule; pflanzliches Eiweiß: 9 g, tierisches Eiweiß: 4 g)

Grünkerneintopf

200 g Grünkern, 40 g Butter oder Margarine, 1 Zwiebel, 1 große Dose Tomaten, 2 große Möhren, 1 Stück Sellerieknolle (etwa 200 g), 2 Porreestangen, 3 Lorbeerblätter, 1 Teel. getrockneter Oregano, Salz. Für 4 Portionen

Grünkern in einem großen Topf in heißem Fett unter Rühren kurz andünsten. Zwiebeln abziehen, würfeln und zufügen. Glasig werden lassen und die Tomaten mit der Flüssigkeit zugeben. Bei mittlerer Hitze zum Kochen bringen. Inzwischen Möhren und Sellerie schälen und würfeln. Porree putzen, waschen und in Ringe schneiden. Das Gemüse mit Lorbeerblättern, Oregano und Salz zum Grünkern in den Topf geben. Bei kleiner Hitze im geschlossenen Topf eine bis eineinhalb Stunden garen. (Pro Portion ca. 340 Kalorien/1423 Joule; pflanzliches Eiweiß: 5 g)

Dazu: Quarkspeise als Dessert

Grünkernplätzchen mit Leinsamen

100 g Grünkernmehl, 100 g Butter oder Margarine, 100 g Leinsamen, 100 g brauner Zucker, 1 Ei, 50 g Speisestärke, 2 Eßl. Milch. Für etwa 35 Stück

Grünkernmehl, weiches Fett in Flöckchen, geschroteten Leinsamen, Zucker, Ei, Stärke und Milch in eine Schüssel geben. Mit den Knethaken des Handrührgeräts zu einem festen, glatten Teig verkneten. Mit den Händen etwa 35 walnußgroße Kugeln formen und auf ein mit Backtrennpapier ausgelegtes oder gefettetes Backblech legen. Mit einer Gabel die Kugeln flach drücken, dabei entstehen flache Plätzchen mit einem Muster von den Gabelzinken. In den Backofen schieben, auf 200 Grad/Gas Stufe 3 schalten und 20 bis 25 Minuten hellbraun backen. Auf einem Rost abkühlen lassen und in einer verschließbaren Dose aufheben. (Pro Stück ca. 65 Kalorien/272 Joule; pflanzliches Eiweiß: 1 g)

Klottengrütt (Klumpengrütze)

250 g Buchweizengrütze, Salz, 8 Eßl. Zuckerrübensirup,
$^1/_2$ l Milch. Für 4 Portionen

Buchweizen mit einem Liter Salzwasser langsam zum Kochen bringen. Bei kleiner Hitze zu einem steifen Brei ausquellen lassen. In eine große, flache Schüssel gießen und erkalten lassen. Mit einem Messer in mundgerechte Würfel schneiden. Auf vier Suppenteller verteilen. Auf jede Portion zwei Eßlöffel Rübensirup geben und mit heißer Milch auffüllen. (Pro Portion ca. 460 Kalorien/1926 Joule; pflanzliches Eiweiß: 6 g, tierisches Eiweiß: 4 g)

Grünkern
Dinkel (Spelzweizen), eine sehr alte Weizensorte, wird für Grünkern noch vor der Reife geerntet, getrocknet und von den Spelzen befreit. Grünkern ist besonders aromatisch und enthält etwa 13 Prozent Eiweiß. Ausgereifter Dinkel eignet sich im Gegensatz zum Grünkern sehr gut zum Brotbacken; Grünkern dagegen besser zum Kochen oder auch in kleinen Mengen für süßes Gebäck.

Überbackener Buchweizen mit Tomaten

250 g Buchweizen (ganze Körner), 60 g Butter oder Margarine,
etwa 900 ccm Brühe, 1 gestrichener Teel. Kurkuma (Gelbwurz),
je $^1/_2$ Teel. Thymian und Rosmarin, 1 Bund Lauchzwiebeln,
6 Fleischtomaten (900 g), Fett für die Form, 50 g Edamer Käse,
100 g Doppelrahm-Frischkäse. Für 6 Portionen

Buchweizen in der Hälfte der Butter in einem Topf unter Rühren anrösten. Heiße Brühe, Kurkuma, Thymian und Rosmarin zufügen. Im geschlossenen Topf bei kleiner Hitze 15 Minuten kochen. Weitere zehn Minuten auf der ausgeschalteten Kochstelle ausquellen lassen. Inzwischen Lauchzwiebeln putzen, waschen und in Stücke schneiden. Tomaten mit kochendem Wasser übergießen und die Haut abziehen. Die Tomaten nebeneinander in eine gefettete, ofenfeste Form setzen. Lauchzwiebeln, Buchweizen und Edamer Käse mischen und drumherum verteilen. Mit zerbröckeltem Frischkäse bestreuen. In den Backofen schieben. Auf 200 Grad/Gas Stufe 3 schalten und 30 Minuten backen. (Pro Portion ca. 380 Kalorien/1591 Joule; pflanzliches Eiweiß: 6 g, tierisches Eiweiß: 5 g)

Überbackene Auberginen auf Buchweizen

250 g Buchweizengrütze, Salz, 1 kg Auberginen, 6 Eßl. Öl, je 1 Bund Schnittlauch und Thymian, 100 g geriebener Käse, Fett für die Form, 6 Eier, 6 Eßl. Milch. Für 4 Portionen

Buchweizen mit einem Liter leicht gesalzenem Wasser bei kleinster Hitze zu einem steifen Brei ausquellen lassen. Auberginen waschen und den Stiel abschneiden. Auberginen in Scheiben schneiden und mit Salz bestreuen. 30 Minuten stehenlassen und trockentupfen. Portionsweise in heißem Öl hellbraun anbraten. Schnittlauch und Thymian fein hacken. Kräuter und geriebenen Käse unter den Buchweizen mischen und in die gefettete Form füllen. Eier, Milch und Salz verquirlen. Auberginen schuppenförmig auf dem Buchweizen anrichten. Eiermilch darübergießen. In den Backofen schieben. Auf 200 Grad/Gas Stufe 3 schalten und 30 bis 40 Minuten backen. (Pro Portion ca. 680 Kalorien/2846 Joule; pflanzliches Eiweiß: 10 g; tierisches Eiweiß: 18 g)

Buchweizen-Windbeutel mit Pilzfüllung

450 ccm Wasser, 75 g Butter oder Margarine, Salz, 150 g Buchweizenmehl, 4 Eier, 250 g Champignons, 2 Zwiebeln, 1 Knoblauchzehe, 2 Eßl. Öl, 1 Eßl. Weizenmehl (Type 405), 100 ccm trockener Weißwein, 1 Becher Schlagsahne (250 g), 50 g geriebener Käse, frisch gemahlener Pfeffer.

Für 6 Stück

Wasser mit Fett und einem halben Teelöffel Salz aufkochen. Buchweizenmehl auf einmal hineinschütten. Bei kleiner Hitze rühren, bis sich der Teig als Kloß vom Topfboden löst. Sofort ein Ei unterrühren. Den Teig kurz abkühlen lassen und nach und nach die übrigen Eier unterrühren. Mit zwei Eßlöffeln sechs Teighäufchen auf ein mit Backtrennpapier ausgelegtes Backblech setzen. In den Backofen schieben, auf 220 Grad/Gas Stufe 4 schalten und etwa 40 Minuten backen, dabei zwischendurch die Backofentür nicht öffnen. Inzwischen die Champignons putzen, kurz waschen und in Scheiben schneiden. Zwiebeln abziehen und fein würfeln. Knoblauch abziehen und zerdrücken. Knoblauch und Zwiebeln in heißem Öl andünsten, Champignons zufügen und bei mittlerer Hitze in der offenen Pfanne fünf Minuten dünsten. Mit Mehl bestäuben und unter Rühren den Weißwein zugießen. Schlagsahne zufügen und bei kleiner Hitze zehn Minuten garen. Käse unterrühren. Mit Salz

Getreide kochen

Getreide hat ebenso wie getrocknete Hülsenfrüchte lange Garzeiten. Roggen, Weizen und Grünkern werden deshalb am besten über Nacht in kaltem Wasser eingeweicht. Man kann die Körner auch längere Zeit, bis zu zwei Tagen, quellen lassen. Es empfiehlt sich aber, eingeweichtes Getreide im Kühlschrank aufzuheben. Besonders in der warmen Jahreszeit bildet sich sonst leicht Schimmel, oder die Mischung beginnt zu gären. Gequollene Körner mit Brühe oder Salzwasser bei kleiner Hitze garen. Dann den Topf von der Kochstelle nehmen und bis zu einer Stunde im geschlossenen Topf weiterquellen lassen. Im Kühlschrank hält sich gekochtes Getreide etwa eine Woche frisch, deshalb lohnt es sich, gleich für mehrere Mahlzeiten vorzukochen.

und Pfeffer würzen. Die Windbeutel aus dem Ofen nehmen, Deckel abschneiden und das Gebäck kurz ausdampfen lassen. Die Windbeutel mit der Pilzsoße füllen und den Deckel auflegen. (Pro Portion ca. 560 Kalorien/2344 Joule; pflanzliches Eiweiß: 6 g, tierisches Eiweiß: 10 g)

Dazu: Grüner Salat

Mischbrot mit Koriander und Rosinen

200 g Roggenbackschrot (Type 1800), 300 g Weizenmehl (Type 550 oder 405), 1 Eßl. Vollsojamehl, 1 Päckchen Trockenhefe, 1 gehäufter Teel. Salz, 1 Teel. Koriander, 1 Prise Zimt, 1/2 Zitrone, 3 Eßl. Apfelkraut, 50 g Butter, 100 g Rosinen, 1 Eiweiß.

Für 1 Brot/20 Scheiben

Roggenbackschrot, Weizenmehl, Sojamehl, Hefe, Salz, Koriander und Zimt in eine große Schüssel geben und mischen. Zitronensaft und Apfelkraut in 300 Kubikzentimeter warmem Wasser auflösen und Mehl in die Schüssel geben. Weiche Butter in Flöckchen zufügen. Mit den Knethaken des Handrührgeräts einen weichen, elastischen Teig kneten. Zugedeckt an einem warmen Ort etwa eine Stunde gehen lassen. Auf einer bemehlten Arbeitsfläche mit den Händen gut durchkneten. Rosinen untermischen und noch einmal kneten. Eine Kastenform mit Backtrennpapier oder Pergamentpapier auslegen und den Teig hineinfüllen. Die Oberfläche mit einem Messer tief einschneiden und mit verschlagenem Eiweiß bestreichen. Noch einmal eine halbe Stunde an einem warmen Ort gehen lassen. In den Backofen schieben und auf 200 Grad/Gas Stufe 3 schalten. Das Brot etwa eine Stunde backen. (Pro Scheibe ca. 120 Kalorien/502 Joule; pflanzliches Eiweiß: 3 g)

Hefe

In den Rezepten dieses Buches ist Trockenhefe angegeben, weil sie überall zu kaufen und besonders einfach in der Verwendung ist. Wer genügend Erfahrung mit Hefeteigen hat und lieber frische Preßhefe verwenden möchte, sollte auf die Menge achten: 1 Päckchen Frischhefe enthält 42 Gramm und reicht für etwa 1 Kilogramm Mehl. Ein Beutel Trockenhefe enthält sieben Gramm und lockert einen Teig aus etwa 500 Gramm Mehl.

Mehltypen

Unser normales, weißes Kuchenmehl mit der Typennummer 405 ist ein besonders niedrig ausgemahlenes Weizenmehl. Niedrig ausgemahlen bedeutet, es wird nur ein kleiner Teil des ganzen Korns – der sogenannte Mehlkörper – vermahlen. Je mehr von den vitaminreichen Randschichten des Korns im Mehl steckt, desto höher ist die Typennummer. Ein Weizenvollkornmehl mit der Type 1700 enthält beinahe das ganze Korn und ist entsprechend reich an lebenswichtigen Mineralstoffen und Vitaminen. Auch für Roggenmehle gilt, je höher die Typennummer, um so mehr vom Roggenkorn steckt im Mehl.

Getreide, am besten frisch gemahlen

Solange die Körner von Weizen, Roggen, Grünkern und Hirse noch heil sind, bleiben alle Bestandteile unversehrt für lange Zeit erhalten. Getreide ist von Natur aus eine Vollkonserve. Erst nach dem Mahlen oder Schroten beginnt der Abbau der Vitamine, Enzyme, ungesättigten Fettsäuren und Aromastoffe. Besonders der Getreidekeim mit seinen wertvollen Inhaltsstoffen wird durch den hohen Fettgehalt leicht ranzig. In den Müllereibetrieben wird der Keim deshalb vor dem Vermahlen abgetrennt, sonst wäre das Mehl nur wenige Wochen haltbar. Wer häufig mit Getreide kocht, sollte sich deshalb eine Getreidemühle anschaffen. Nicht nur aus gesundheitlichen, sondern auch aus geschmacklichen Gründen, denn nur frisch gemahlen hat Mehl ein volles, nußartiges Aroma. Getreidemühlen werden in verschiedenen Ausführungen angeboten. Für großen Verbrauch empfiehlt sich eine Elektromühle oder ein Zusatzgerät für die Küchenmaschine. Ein kleiner Haushalt ist auch mit einer preiswerten Handmühle gut bedient. Einige Getreidemühlen sind übrigens auch zum Mahlen von Sojabohnen, Leinsamen und Mohn geeignet.

Geschmorter Weizen mit Rotwein und Gemüse

125 g Weizenkörner, Salz, 1 Bund Lauchzwiebeln, 1 rote Paprikaschote, 500 g Zucchini, 200 g Champignons, 40 g Butter oder Margarine, 1/4 l trockener Rotwein, 1 Becher Crème fraîche (150 g), 1 Teel. getrockneter Thymian, frisch gemahlener Pfeffer, 2 Eßl. getrocknete Aprikosen. Für 4 Portionen

Weizen mit 350 Kubikzentimeter Wasser für 24 Stunden oder über Nacht einweichen. Mit dem Einweichwasser und Salz zum Kochen bringen. Bei kleinster Hitze eine Stunde kochen. Von der Kochstelle nehmen und im geschlossenen Topf noch eine Stunde ausquellen lassen. Inzwischen Lauchzwiebeln putzen, waschen und in Ringe schneiden. Paprikaschote waschen, halbieren, entkernen und in kleine Würfel schneiden. Zucchini und Champignons putzen und waschen. Zucchini in fingerdicke Scheiben schneiden. Fett in einer großen, tiefen Pfanne erhitzen. Die Zwiebeln darin glasig dünsten. Paprika, Zucchini und Pilze zufügen und bei mittlerer Hitze zehn Minuten schmoren. Die abgetropften Weizenkörner, Rotwein, Crème fraîche und Thymian zufügen und in der offenen Pfanne bei mittlerer Hitze schmoren, bis die Flüssigkeit fast verdampft ist. Mit Salz und Pfeffer nachwürzen. Aprikosen in schmale Streifen schneiden und fünf Minuten miterhitzen. (Pro Portion ca. 490 Kalorien/2051 Joule; pflanzliches Eiweiß: 14 g, tierisches Eiweiß: 1 g)

Porreekuchen

200 g Weizenmehl (Type 1050), 50 g Roggenmehl, Salz, 1 Prise Koriander, 125 g Margarine, Fett für die Form, 500 g Porree, 50 g Erdnüsse, 2 Eßl. Öl, 1 Becher Schlagsahne (200 g), 3 Eier, 100 g französischer Butterkäse, 1 Teel. milder Senf, 1 Bund Petersilie. Für 6 Portionen

Weizenmehl, Roggenmehl, Salz und Koriander mischen. Fett in Flöckchen und vier bis fünf Eßlöffel kaltes Wasser zufügen und unterkneten. Den Teig eine halbe Stunde ruhenlassen. Eine

Springform (26 Zentimeter Durchmesser) fetten und mit dem Teig auslegen, dabei einen Rand formen. Mit einer Gabel mehrmals einstechen und in den Backofen schieben. Auf 200 Grad/Gas Stufe 3 schalten und etwa 25 Minuten backen. Inzwischen den Porree putzen, waschen und in Ringe schneiden. Erdnüsse grob hacken, Porree und Nüsse in heißem Öl fünf Minuten dünsten. Auf dem Teigboden verteilen. Sahne, Eier, geriebenen Käse, Senf und gehackte Petersilie verquirlen. Über den Porree gießen. Den Kuchen bei 200 Grad/Gas Stufe 3 weitere 45 Minuten backen. (Pro Portion ca. 630 Kalorien/2637 Joule; pflanzliches Eiweiß: 8 g, tierisches Eiweiß: 8 g)

Mischbrot mit Roggenkörnern

200 g Roggen, 1 Päckchen Trockenhefe, 250 g Weizenmehl (Type 405 oder 550), 200 g Roggenmehl (Type 997), 1 Eßl. Vollsojamehl, 2 Teel. Salz, 1 Teel. Anis, 1 Teel. Koriander, 2 Eßl. Zuckerrübensirup, 2 Eßl. Essig, 1 Eßl. Gersten- oder Haferflocken. Für 1 Brot/20 Scheiben

Roggenkörner in kaltem Wasser 24 Stunden, mindestens aber über Nacht einweichen. Hefe mit Weizen-, Roggen- und Sojamehl in eine Schüssel geben. Salz, Anis und Koriander untermischen. Rübensirup und Essig mit 300 Kubikzentimeter Wasser verrühren. Mit den Knethaken des Handrührgeräts die Mehlmischung mit der Flüssigkeit zu einem elastischen Teig verkneten. Roggenkörner auf einem Sieb sehr gründlich abtropfen lassen und unter den Brotteig kneten. Den Teig in einer zugedeckten Schüssel zwei bis drei Stunden lang bei Zimmertemperatur aufgehen lassen. Auf einer bemehlten Arbeitsfläche mit den Händen noch einmal etwa zehn Minuten durchkneten. Zu einem Laib formen, mit Wasser bestreichen und mit Haferflocken bestreuen. Den Laib weitere 30 Minuten gehen lassen. In den Backofen schieben, auf 200 Grad/Gas Stufe 3 schalten und etwa eine Stunde backen. Auf einem Rost abkühlen lassen. (Pro Scheibe ca. 135 Kalorien/565 Joule; pflanzliches Eiweiß: 3 g)

Mehr Eiweiß im Weizenmehl

Helles Kuchenmehl (Type 550) gibt es seit kurzem auch mit einem höheren Eiweißgehalt. Dafür werden eiweißreiche Weizensorten verwendet und außerdem Weizen- und Sojaeiweiß zugesetzt 100 Gramm dieser Mehlsorte enthalten 23 Gramm reines und besonders hochwertiges Protein. Außerdem werden diesem Mehl zusätzliche Vitamine und Mineralstoffe beigefügt. Im Prinzip ist es für alle Rezepte als Ersatz für das normale Weizenmehl geeignet, doch besonders empfehlenswert ist es zum Brotbacken und für derbere Hefeteige. Achtung: Der Teig wird besonders elastisch und läßt sich nicht so leicht dünn ausrollen, denn er schnurrt ähnlich wie ein Gummiband wieder zusammen, wenn er gedehnt wird.

Roggenpfannkuchen

250 g Weizenvollkornmehl (Type 1700), 100 g Roggenmehl (Type 997), 1/2 Teel. Salz, 1/2 Teel. Backpulver, 50 g Sonnenblumenkerne, 2 Eier, 1/2 l Buttermilch, 2 Eßl. brauner Zucker, 6 – 8 Eßl. Öl zum Braten. Für 6 Portionen

Weizen- und Roggenmehl, Salz, Backpulver und Sonnenblumenkerne in einer Schüssel mischen. Eier, Buttermilch und Zucker verquirlen und zum Mehl geben. Mit den Quirlen des Handrührgeräts zu einem glatten Teig verrühren. Zwei Eßlöffel Öl in einer Pfanne erhitzen und gleichzeitig mehrere kleine Pfannkuchen aus jeweils zwei Eßlöffeln Teig hineingeben. Von jeder Seite bei mittlerer Hitze knusprig braun braten. Sofort frisch aus der Pfanne servieren. (Pro Portion ca. 400 Kalorien/1674 Joule; pflanzliches Eiweiß: 8 g, tierisches Eiweiß: 5 g)

Dazu: Apfelmus

Weizencurry mit Paprikaschoten

125 g Weizenkörner, Salz, 2 große Porreestangen, 2 Paprikaschoten, 250 g Champignons, 4 Eßl. Öl, 1 Becher Schlagsahne (200 g), 1 Eßl. scharfer Curry, 2 – 3 Teel. Zitronensaft. Für 4 Portionen

Weizen mit 350 ccm Wasser über Nacht einweichen. Mit dem Wasser und einer Prise Salz zum Kochen bringen und bei kleinster Hitze eine Stunde kochen. Von der Kochstelle nehmen und im geschlossenen Topf noch etwa eine Stunde ausquellen und auf einem Sieb abtropfen lassen. Inzwischen Porree, Paprika und Champignons putzen, waschen und in mundgerechte Stücke schneiden. Das Gemüse in heißem Öl unter häufigem Wenden zehn Minuten dünsten, dabei sollte alle Flüssigkeit verdampfen. Die abgetropften Weizenkörner zufügen und kurz mit andünsten. Sahne und Curry unterrühren und bei großer Hitze ohne Deckel cremig einkochen lassen. Mit Salz und Zitronensaft nachwürzen. (Pro Portion ca. 455 Kalorien/1905 Joule; pflanzliches Eiweiß: 7 g, tierisches Eiweiß: 1 g)

Dazu: Wachsweich gekochte Eier

Tomatensuppe mit Tapioka

3 Eßl. Öl, 2 – 3 Zwiebeln, 1 große Dose Tomaten, 1/2 Teel. Estragon, Salz, frisch gemahlener Pfeffer, 4 – 6 Eßl. trockener weißer Wermutwein, 2 Eßl. Tapioka (oder Sago), 1/2 Becher Schlagsahne (100 g). Für 4 Portionen

Öl in einem Topf erhitzen. Zwiebeln abziehen und in kleine Würfel schneiden. In heißem Öl bei mittlerer Hitze weich dünsten. Die Tomaten mit der Flüssigkeit, Estragon, Salz, Pfeffer und Wermutwein zufügen und aufkochen. Tapioka einstreuen und etwa zehn Minuten bei kleiner Hitze ausquellen lassen. Sahne unterrühren und die Suppe mit Salz, Pfeffer und Wermut nachwürzen. (Pro Portion ca. 255 Kalorien/1067 Joule; pflanzliches Eiweiß: 1 g, tierisches Eiweiß: 1g)

Dazu: Frisch geriebener Parmesankäse und Brot

Tapioka

Aus der tropischen Maniokpflanze gewinnt man ein weißes Stärkegranulat, das dem Sago ähnelt. Es eignet sich gut zum Andicken von Gemüsesuppen und Süßspeisen. Für Kleinkinder werden Milchsuppen durch Tapioka leichter verdaulich.

6

Soja

Kaum zu glauben, wie viele verschiedene Lebensmittel aus Sojabohnen hergestellt werden: Sojasprossen, Sojafleisch, Sojabohnenquark, Sojasoße und Sojamehl. Was man mit diesen Zutaten alles anfangen kann, erfahren Sie in diesem Kapitel.

Bandnudeln mit Tomaten-Sojaragout

100 g Sojahackfleisch (getrocknet), 200 ccm Brühe, 1 Bund Lauchzwiebeln, 3 Eßl. Öl, 4 Eßl. trockener Weißwein, 2 Eßl. Tomatenmark, 1/2 Becher Schlagsahne (100 g), 2 Fleischtomaten (300 g), 1 Röhrchen Kapern (17 g), frisch gemahlener Pfeffer, Salz, 400 g Bandnudeln. Für 4 Portionen

Sojahack mit kalter Brühe übergießen und zehn Minuten quellen lassen. Lauchzwiebeln putzen, waschen, in kurze Stücke schneiden. Lauchzwiebeln und Sojahack in heißem Öl anbraten. Weißwein, Tomatenmark und Sahne zufügen. Tomaten mit kochendem Wasser übergießen und die Haut abziehen. Tomaten würfeln und unterrühren. Mit Kapern, Pfeffer und Salz würzen und warm stellen. Die Bandnudeln in Salzwasser in etwa acht Minuten bißfest kochen und abgetropft mit der Soße anrichten. (Pro Portion ca. 630 Kalorien/2637 Joule; pflanzliches Eiweiß: 19 g, tierisches Eiweiß: 2 g)

Geschmortes Sojafleisch mit Linsen

1 Dose Sojafleisch in Scheiben (350 g), 2 Zwiebeln, 2 Eßl. Öl, 1 Dose Linsen (850 ml), 100 ccm trockener Rotwein, 1 Teel. Thymian, 1 Dose Tomatenmark (70 g), Salz, frisch gemahlener Pfeffer, 1 Eßl. Sahnejoghurt (oder Crème fraîche), 1 Bund Petersilie. Für 4 Portionen

Sojafleisch abtropfen lassen und die Scheiben vierteln. Zwiebeln abziehen und in Scheiben schneiden. Sojafleisch und Zwiebeln in heißem Öl in einer großen Pfanne bei mittlerer Hitze hellbraun anbraten. Linsen auf einem Sieb abtropfen lassen. Zum Sojafleisch in die Pfanne geben und erhitzen. Rotwein, fein zerriebenen Thymian und Tomatenmark zufügen und kurz durchschmoren lassen. Mit Salz und Pfeffer abschmecken und mit Joghurt und gehackter Petersilie anrichten. (Pro Portion ca. 460 Kalorien/1925 Joule; pflanzliches Eiweiß: 25 g)

Dazu: Vollkornnudeln

Gemüsepizza mit Sojafleisch

200 g Roggenmehl (Type 997), 200 g Weizenmehl (Type 405 oder 550), 1 Päckchen Trockenhefe, 1 Teel. Salz, 2 Eßl. Öl, 2 Knoblauchzehen, 1 Zwiebel, 1 große Dose Tomaten, 1 Bund Schnittlauch, 1/2 Teel. Oregano, 100 g Quark (20 %), Salz, frisch gemahlener Pfeffer, 1 Paprikaschote, 200 g Rosenkohl, 100 g Palerbsen, 1 Dose Sojafleisch in Scheiben, 30 g geriebener Käse. Für 3 Portionen

Roggen- und Weizenmehl mit Hefe und Salz in einer Schüssel mischen. Öl und einen Viertelliter lauwarmes Wasser zufügen und mit den Knethaken des Handrührgeräts zu einem elastischen Teig verkneten. Zugedeckt an einem warmen Ort gehen lassen, bis sich der Teig verdoppelt hat. Knoblauchzehen abziehen und zerdrücken. Zwiebel abziehen und in sehr feine Ringe schneiden. Tomaten mit der Flüssigkeit in eine große Pfanne geben. Knoblauch, feingeschnittenen Schnittlauch und Oregano zufügen. Bei großer Hitze in der offenen Pfanne kochen, bis die Flüssigkeit fast verdampft ist. Von der Kochstelle nehmen und den Quark unterrühren. Mit Salz und Pfeffer kräftig würzen. Paprika und Rosenkohl waschen und putzen. Paprika in feine Streifen schneiden. Beide Gemüse in wenig Salzwasser etwa zehn Minuten kochen und gut abtropfen lassen. Den Teig noch einmal mit den Händen durchkneten und auf einem Backblech etwa einen halben Zentimeter dick ausrollen. Mit der Tomatenmischung bestreichen. Paprikastreifen, halbierten Rosenkohl und Erbsen darauf verteilen. Sojafleischscheiben achteln und auf das Gemüse legen. Mit Käse und Zwiebelscheiben be-

Pflanzenfleisch

In Reformhäusern und alternativen Läden gibt es inzwischen eine große Auswahl von fleischähnlichen Produkten, die aus Soja hergestellt werden. Es gibt sie in Dosen und auch getrocknet, in Würfeln oder als Granulat. Die getrockneten Sojaprodukte werden kurz in Wasser oder Brühe eingeweicht und können dann wie Hackfleisch oder Gulasch verwendet werden. Das Sojafleisch aus Dosen entspricht gekochtem Fleisch und erinnert in Geschmack und Konsistenz ein wenig an Geflügel- oder Kalbfleisch.

streuen. In den Backofen schieben, auf 200 Grad/Gas Stufe 3 schalten und etwa 40 Minuten backen. Die Pizza in Portionsstücke schneiden und heiß servieren. (Pro Portion ca. 880 Kalorien/3684 Joule; pflanzliches Eiweiß: 28 g, tierisches Eiweiß: 8 g)

Gefüllter Kürbis

50 g Sojahack (getrocknet), 100 ccm Brühe, 2 Patissonkürbisse à 500 g, 2 Schalotten, 1 Fleischtomate, 1 Knoblauchzehe, 20 g Butter oder Margarine, 2 Teel. eingelegter grüner Pfeffer, Salz, 2 Eßl. Schlagsahne, 2 Eßl. geriebener Hartkäse. Für 2 Portionen

Sojahack mit kalter Brühe übergießen und mindestens zehn Minuten quellen lassen. Kürbis waschen. Im ganzen mit Schale in reichlich Wasser 30 Minuten kochen. Kurz abkühlen lassen. Einen flachen Deckel abschneiden. Etwas Fruchtfleisch herauslösen. Schalotten würfeln. Tomate mit kochendem Wasser übergießen, abziehen und würfeln. Knoblauch abziehen. Schalotten im Fett glasig dünsten. Sojahack hinzufügen. Unter Wenden braten. Zerdrückte Knoblauchzehe und Kürbisfleisch, Tomatenwürfel und Pfefferkörner dazugeben. Salzen. Sahne zufügen. Kürbis mit dem Hackfleisch füllen. Käse darübergeben. Deckel darauflegen. In den Backofen schieben, auf 200 Grad/Gas Stufe 3 schalten und etwa 20 Minuten backen. (Pro Portion ca. 410 Kalorien/1716 Joule; pflanzliches Eiweiß: 12 g, tierisches Eiweiß: 4 g) Dieses Gericht können Sie auch mit anderen Kleinkürbis-Sorten zubereiten. Die Schale ist übrigens bei diesen Sorten eßbar.

Sojamilch
Aus den überaus vielseitigen Sojabohnen wird auch eine milchähnliche Flüssigkeit gewonnen (Pflanzenmilch). Die Zusammensetzung und die Verwendungsmöglichkeiten sind sehr ähnlich wie bei Kuhmilch. Allerdings ist der Fettgehalt etwas geringer, und Sojamilch ist absolut cholesterinfrei. Sie eignet sich für cholesterinarme Diäten und ist ein guter Milchersatz für Menschen, die auf Kuhmilch allergisch reagieren.

Eisen, ein wichtiges Spurenelement
Eisen wird in der Regel aus tierischen Produkten (Fleisch, Eiern) besser vom Körper aufgenommen als aus pflanzlichen Nahrungsmitteln. Sojaprodukte machen hier eine Ausnahme. Sie sind nicht nur reich an diesem Spurenelement, der Körper kann das Eisen aus Soja auch besonders gut verwerten. Wichtig für alle, die wenig oder gar kein Fleisch essen: Viel Vitamin-C-reiche Lebensmittel (Zitrusfrüchte, Paprikaschoten, Beeren) in den Speiseplan aufnehmen. Vitamin C fördert die Aufnahme von Eisen.

Sojabohnengemüse mit Tomaten

250 g Sojabohnen, 2 Zwiebeln, 1 Knoblauchzehe, Salz,
50 g Mangochutney, 2 Eßl. Tomatenmark, 1 Eßl. milder Senf,
500 g Tomaten, 3 Eßl. Öl. Für 6 Portionen

Die Sojabohnen unter fließendem Wasser waschen und mit einem Liter Wasser in einen Topf geben. Zwiebeln und Knoblauch abziehen und in Scheiben schneiden. Beides mit einem Teelöffel Salz zu den Bohnen in den Topf geben und über Nacht quellen lassen. Aufkochen und bei sehr kleiner Hitze etwa zwei Stunden kochen. Mangochutney mit Tomatenmark und Senf mischen. Tomaten mit kochendem Wasser übergießen und die Haut abziehen. In Stücke schneiden und unter das Chutney heben. Die Mischung über die gegarten Sojabohnen verteilen und in den Backofen schieben. Auf 180 Grad/Gas Stufe 2 schalten und etwa eine Stunde im geschlossenen Topf backen. Mit Öl beträufeln und ohne Deckel noch einmal etwa 20 Minuten überbräunen. (Pro Portion ca. 210 Kalorien/879 Joule; pflanzliches Eiweiß: 5 g)

Dazu: Reis

Sojabohnen garen langsam
Je nach Sorte brauchen Sojabohnen nach dem Einweichen zwei bis vier Stunden, um gar zu werden. Es lohnt sich deshalb, sie in Dosen zu kaufen oder größere Mengen auf einmal zu kochen. Gut zugedeckt halten sich gekochte Sojabohnen im Kühlschrank etwa eine Woche frisch. Für kleine Haushalte bietet es sich auch an, die Bohnen portionsweise einzufrieren.

Sojamehl
Geröstete, gemahlene Sojabohnen ergeben ein goldgelbes Mehl. Vollsojamehl enthält im Durchschnitt 40 Prozent Eiweiß, etwa 20 Prozent Fett und liefert 400 Kalorien auf 100 Gramm. Entfettetes Sojamehl enthält 50 Prozent Eiweiß und nur etwa ein Prozent Fett. Sojamehl läßt sich gut mit Weizenmehl mischen und ergänzt dabei das im Weizen enthaltene Eiweiß besonders gut. Bei Brot, Kuchen und Plätzchen kann man etwa ein Fünftel der Mehlmenge durch Sojamehl ersetzen.

Sandkuchen mit Soja

250 g Margarine, 3 Eier, 250 g brauner Zucker, 1 Päckchen Vanillezucker, 200 g Speisestärke, 50 g Vollsojamehl, 2 Eßl. Weizenmehl (Type 405), 1 Teel. Backpulver. Für 1 Kuchen/20 Scheiben

Margarine aufkochen lassen und von der Kochstelle nehmen. Eier mit Zucker und Vanillezucker in eine Schüssel geben und mit den Quirlen des Handrührgeräts schaumig rühren. Speisestärke, Sojamehl, Weizenmehl und Backpulver mischen und unterrühren. Sobald die Margarine nicht mehr schäumt, sie langsam unter ständigem Rühren zum Teig geben. Eine Kastenform (30 Zentimeter Länge; oder 26er Springform) mit Pergamentpapier auslegen. Teig hineinfüllen. Den Kuchen in den Backofen schieben, auf 175 Grad/Gas Stufe 2 schalten und etwa eine Stunde backen. Den Kuchen im ausgeschalteten Backofen auskühlen lassen. Aus der Form lösen. (Pro Scheibe ca. 220 Kalorien/920 Joule. pflanzliches Eiweiß: 1 g, tierisches Eiweiß: 1 g)

Soja-Eierkuchen mit Staudensellerie

100 g Weizenvollkornmehl (Type 1700), 50 g Vollsojamehl, Salz, 1 Messerspitze Backpulver, 2 Eier, 200 ccm Milch, 1/2 kleiner Staudensellerie, 50 g Champignons, 40 g Butter oder Margarine, 2 Eßl. stichfeste saure Sahne. Für 2 Portionen

Vollkorn- und Sojamehl mit Salz und Backpulver in einer Schüssel mischen. Eier und Milch zufügen und mit den Quirlen des Handrührgeräts zu einem glatten Teig verrühren. Sellerie putzen, waschen und in dünne Scheiben schneiden. Champignons putzen, waschen und in Scheiben schneiden. 20 Gramm Fett in einer Pfanne erhitzen. Eine Hälfte des Teigs hineingießen und eine Hälfte des Gemüses darauf verteilen. In der geschlossenen Pfanne vier bis fünf Minuten bei mittlerer Hitze braten. Den Eierkuchen wenden und ohne Deckel fertigbraten. Herausnehmen und warm stellen. Mit restlichem Teig, Sellerie und Pilzen einen zweiten Eierkuchen backen. Die fertigen Eierkuchen mit einem Löffel saurer Sahne anrichten. (Pro Portion ca. 695 Kalorien/ 3604 Joule; pflanzliches Eiweiß: 30 g, tierisches Eiweiß: 12 g)

Sojabrötchen mit Kümmel

100 g Vollsojamehl, 450 g Weizenmehl (Type 405 oder 1050), 1 Teel. Salz, 1 Teel. Kümmel, 1 Päckchen Trockenhefe, 1 Eßl. Apfel- oder Birnenkraut, 1 Ei; Mehl zum Formen; Fett fürs Blech. Für 12 Brötchen

Sojamehl mit Weizenmehl, Salz, Kümmel und Hefe in einer Schüssel mischen. Apfel- oder Birnenkraut in 300 Kubikzentimeter lauwarmem Wasser auflösen und mit dem Ei zum Mehl geben. Mit den Knethaken des Handrührgeräts alles zu einem weichen, elastischen Teig verkneten. Zugedeckt an einem warmen Ort etwa 45 Minuten aufgehen lassen. Noch einmal auf einer bemehlten Arbeitsfläche mit den Händen durchkneten und zwölf runde Brötchen aus dem Teig formen. Auf ein gefettetes Backblech legen und nochmals 20 Minuten gehen lassen. Mit einem Sägemesser die Brötchen oben einritzen und in den Backofen schieben. Auf 200 Grad/Gas Stufe 3 schalten und etwa 35 Minuten backen. Herausnehmen und auf einem Rost abkühlen lassen. (Pro Stück ca. 195 Kalorien/816 Joule; pflanzliches Eiweiß: 8 g, tierisches Eiweiß: 1 g)

Dazu: Gesalzene Butter und Tomatenscheiben

Apfel-Eierkuchen

3 Äpfel, 3 Eier, 1/4 l Milch, 4 Eßl. Mineralwasser, Salz, 1 Eßl. Honig, 120 g Mehl, 60 g Haferflocken, 2 Eßl. Sojamehl, 80 g Butter oder Margarine, Zucker zum Bestreuen. Für 4 Portionen

Äpfel waschen, schälen und Kerngehäuse ausstechen. Äpfel in eineinhalb Zentimeter dicke Ringe schneiden. Eigelb, Milch, Mineralwasser, Salz und Honig verquirlen. Mehl, Haferflocken und Sojamehl zufügen und glattrühren. Eiweiß mit einer Prise Salz schnittfest schlagen. Unter den Eierkuchenteig heben. In einer Pfanne 20 Gramm Fett erhitzen. Eine Suppenkelle voll Teig hineingeben. Vier bis fünf Apfelscheiben darauflegen. Bei mittlerer Hitze hellbraun braten. Eierkuchen wenden und zu Ende backen. Die restlichen Zutaten auf die gleiche Weise verarbeiten. Mit Zucker bestreut heiß servieren. (Pro Portion ca. 535 Kalorien/2247 Joule; pflanzliches Eiweiß: 9 g, tierisches Eiweiß: 8 g)

Dazu: Saure Sahne

Paniertes Tofu

200 g Tofu (Sojabohnenquark), 2 Eßl. Sojasoße, 2 Eßl. Vollkorn-Weizenmehl (Type 1700), 1 Ei, 2 Eßl. Sesam, 3 Eßl. Öl, Salz, frisch gemahlener Pfeffer. Für 3 Portionen

Tofu mit einem Tuch oder mit Küchenkrepp trockentupfen. In knapp einen Zentimeter dicke Scheiben schneiden und mit Sojasoße beträufeln. In Mehl wenden, danach in verschlagenes Ei tauchen. In Sesam wenden und in heißem Öl von jeder Seite hellbraun braten. Salzen und pfeffern. (Pro Portion ca. 300 Kalorien/1256 Joule; pflanzliches Eiweiß: 8 g, tierisches Eiweiß: 2 g)

Dazu: Getoastetes Roggenbrot und Salat

Tofu-Dip mit Avocado

200 g Tofu (Sojabohnenquark), $^1/_2$ Avocado (etwa 100 g), 1 Eßl. Kapern, 1 Knoblauchzehe, 1 Zwiebel, 2 Eßl. Tomatenketchup, Salz, Zitronensaft, frisch gemahlener Pfeffer. Für 6 Portionen

Tofu mit einem Tuch oder mit Küchenkrepp trockentupfen. Avocado entkernen und dünn schälen. Knoblauchzehe und Zwiebel abziehen. Tofu, Avocado, Zwiebel und Knoblauch im Mixer oder mit dem Pürierstab des Handrührgeräts zu einer glatten, cremigen Paste pürieren. Ketchup und Kapern unterrühren. Mit Salz, Zitronensaft und Pfeffer kräftig abschmecken. (Pro Portion ca. 80 Kalorien/335 Joule; pflanzliches Eiweiß: 2 g)

Dazu: Rohes Gemüse, zum Beispiel Staudensellerie, Paprika, Möhren

Tofu (Sojabohnenquark)

In Japan und China gehört Tofu seit Jahrhunderten zu den Grundnahrungsmitteln. Dieses eiweißreiche, quarkähnliche Lebensmittel ist wie Speisequark sehr zurückhaltend im Geschmack, jedoch weniger säuerlich und etwas zäher und fester. Es läßt sich sehr gut in Scheiben oder Würfel schneiden. In einigen Reformhäusern und grünen Läden, aber auch in Japan- oder Chinageschäften ist Tofu (oder Sojaquark) zu kaufen. Wer keinen entsprechenden Laden in der Nähe hat, sollte einmal in einem Chinarestaurant danach fragen. Seit einiger Zeit gibt es auch Tofu-Sets, mit denen man diese Spezialität selbst machen kann. Das ist allerdings etwas zeitaufwendig und lohnt nur für regelmäßige Verwender.

Majorankartoffeln mit Tofu

2 kg Kartoffeln, 1 Zwiebel, 4 Eßl. Öl, 1 Bund frischer Majoran, 200 g Tofu (Sojabohnenquark), Salz, frisch gemahlener Pfeffer, 1 Eßl. Sesam. Für 4 Portionen

Kartoffeln schälen und in kleine Würfel schneiden. Zwiebel schälen und ebenfalls fein würfeln. Kartoffeln und Zwiebel in heißem Öl unter häufigem Wenden braun anbraten. Einen Viertelliter heißes Wasser zufügen und in der geschlossenen Pfanne bei kleiner Hitze zehn Minuten schmoren. Inzwischen die Majoranblättchen von den Stielen zupfen und fein hacken. Tofu abtropfen lassen und leicht ausdrücken. In Würfel schneiden und mit dem Majoran zu den Kartoffeln geben. Weitere zehn Minuten schmoren und mit Salz und frisch gemahlenem Pfeffer kräftig würzen. Mit Sesam bestreut servieren. (Pro Portion ca. 530 Kalorien/2219 Joule; pflanzliches Eiweiß: 12 g)

Dazu: Milch

Sojasprossengemüse mit Paprika

250 g Sojasprossen, je 1 rote und grüne Paprikaschote, 3 Eßl. Öl, 2-3 Eßl. Sojasoße, 2 Eßl. Sherry (ersatzweise Apfelsaft), Salz, frisch gemahlener Pfeffer. Für 4 Portionen

Sojasprossen waschen. Paprikaschoten waschen, halbieren und die Kerne entfernen. Paprikaschoten in rautenförmige Stücke oder grobe Würfel schneiden. In heißem Öl in einer großen Pfanne zehn Minuten dünsten. Paprikastücke an den Pfannenrand schieben und Sojasprossen in der Pfannenmitte drei bis vier Minuten braten. Sojasoße, Sherry, wenig Salz und Pfeffer zufügen. Die Sprossen und den Paprika zusammen anrichten. (Pro Portion ca. 140 Kalorien/586 Joule; pflanzliches Eiweiß: 3 g)

Sojasprossen
In Beuteln wird dieses Vitamin-C-reiche, vielseitige Gemüse das ganze Jahr über frisch angeboten. Sojasprossen in Gläsern schmecken wie frische, während Dosenprodukte durch das Konservieren weich werden. Von den vielen verschiedenen Sojabohnensorten eignet sich die kleine grüne Mungobohne am besten zum Keimen. In drei bis vier Tagen kann man sie – am besten in Tonblumentöpfen – selbst zum Keimen bringen, wenn man sie täglich wässert.

7

Süße Hauptgerichte

Wer sich ab und zu an Süßem einmal richtig satt essen will, hat hier genügend Auswahl. Und das beste daran: Man kann Süßes auch ohne schlechtes Gewissen anstelle eines deftigen Hauptgerichts genießen, denn alle wichtigen Nährstoffe sind enthalten.

Serviettenknödel

750 g Weizenmehl (Type 405 oder 550), 1 Würfel Hefe (42 g oder 2 Päckchen Trockenhefe), 1/4 l Milch, 60 g Butter, 3 Eier, Salz, 80 g Zucker, 6 unbehandelte Orangen, 50 g Pistazien (ersatzweise Mandeln), 50 g brauner Zucker, 100 ccm Ahornsirup oder heller Zuckersirup, 2 cl Weinbrand. Für 4 Portionen

Mehl, zerbröckelte Hefe, lauwarme Milch, 20 Gramm weiche Butter, Eier, einen viertel Teelöffel Salz und den Zucker in eine Rührschüssel geben. Mit den Knethaken des Handrührgerätes zu einem glatten Teig verarbeiten. An einem warmen Ort bis etwa auf die doppelte Menge aufgehen lassen. Zwei Orangen heiß abwaschen und die gelbe Schale hauchdünn abreiben. Weiße Haut ganz entfernen. Orangenschale und die Hälfte der Pistazien zum Teig geben. Kräftig miteinander verkneten. Teig halbieren. Jede Hälfte zu einem Kreis (Durchmesser 12 bis 14 Zentimeter) auseinanderdrücken. Orangen auf die Mitte legen. Den Teig darüber zusammenfassen und fest zusammendrücken. Den Kloß nochmals gehen lassen. Dann den Kloß drehen, damit das dickere, zusammengedrückte Stück Teig unten liegt, und auf ein Tuch setzen. Tuchzipfel kreuzweise über dem Kloß sehr locker zusammenbinden. Inzwischen für jeden Kloß in einem ausreichend großen Topf leicht gesalzenes Wasser zum Kochen bringen. Holzlöffel durch die zusammengebundenen Tuchenden stecken und den Kloß damit in das leicht kochende Wasser hängen. Dabei hängt er immer nur zu einem Drittel im Wasser, der Rest schwimmt obenauf. Topf mit einem Deckel oder Alufolie fest verschließen, damit der obere Teil im Wasserdampf genauso schnell gar wird wie der untere im Wasser. Garprobe nach 30 Minuten: mit dem Finger eine Delle in den Kloß drücken. Beult sie von selbst wieder aus, ist der Kloß genau richtig. Herausheben, aus dem Tuch wickeln. Mit Zucker und restlichen Pistazien bestreuen. Vier Orangen schälen und die Haut von den Fruchtsegmenten entfernen. Restliche Butter bräunen. Sirup, Weinbrand und Orangenscheiben zufügen. Fünf Minuten ohne

Deckel einkochen lassen. Zu den Knödeln reichen. (Pro Portion ca. 1340 Kalorien/5609 Joule; pflanzliches Eiweiß: 26 g, tierisches Eiweiß: 7 g)

Eierkuchen mit Rosinenquark

150 g Mehl (Type 1050), 50 g Speisestärke, Salz, 1 Teel. Honig, 1 Prise Zimt, 1/2 l Milch, 50 g Rosinen, 1/2 Zitrone, 500 g Magerquark, 1 Becher Schlagsahne (200 g), 3 Eßl. Zucker (oder 4 Eßl. Honig), 4 Eier, 50 g Butter oder Margarine. Für 6 Portionen

Mehl, Stärke, Salz, Honig und Zimt in eine Schüssel geben. Mit den Quirlen des Handrührgeräts die Milch nach und nach unterrühren. Eine Stunde zum Quellen beiseite stellen. Inzwischen die Rosinen in Wasser kurz aufkochen. Abgetropft mit Zitronensaft, Quark und Sahne verrühren. Mit Zucker oder Honig süßen. Eier verschlagen und unter den Eierkuchenteig rühren. In einer beschichteten Pfanne in heißem Fett nach und nach etwa 12 kleine Eierkuchen braten. Warm stellen und mit dem Quark servieren. (Pro Portion ca. 530 Kalorien/2219 Joule; pflanzliches Eiweiß: 3 g, tierisches Eiweiß: 21 g)

Dazu: Zuckerrübensirup

Süße Mohn-Nudeln

100 g Mohn, 1/4 l Milch, 50 g Zucker, 75 g Rosinen, 3 Eßl. Semmelbrösel, Schale 1/2 Zitrone, 1 Prise Zimt, 1 Eßl. Rum, 500 g kleine Nudeln, Salz, 30 g Butter. Für 4 Portionen

Mohn im Blitzhacker mahlen. Milch zum Kochen bringen und den Mohn hineinrühren. Von der Kochstelle nehmen. Zucker, Rosinen, abgeriebene Zitronenschale, Zimt und Rum untermischen. Im geschlossenen Topf 15 Minuten quellen lassen. Nudeln in Salzwasser sechs bis acht Minuten bißfest kochen. Auf einem Sieb abtropfen lassen. Mit der Butter und der Mohnmischung in einer Schüssel mischen. (Pro Portion ca. 850 Kalorien/3558 Joule; pflanzliches Eiweiß: 24 g, tierisches Eiweiß: 2 g)

Mohn
Es sind tatsächlich die Samen des Schlafmohns, mit denen hierzulande gekocht und gebacken wird. Sie enthalten jedoch kein Opium, haben aber einen hohen Fettgehalt (50 Prozent) und feine, nußähnliche Aromastoffe. Durch den hohen Fettanteil wirkt Mohn leicht abführend und wird gemahlen schnell ranzig. Deshalb Mohn immer erst kurz vor der Verwendung mahlen, dann kommt außerdem sein Aroma besonders gut zur Geltung.

Grünkernklößchen mit Honigsahne

1/4 l Milch, 70 g Butter oder Margarine, Salz, 1/4 Teel. Zimt, 150 g Grünkernschrot, 2 Eier, 4 Eßl. heller, flüssiger Honig, 4 Eßl. Schlagsahne, 30 g Mandeln. Für 4 Portionen

Milch mit Fett, einer guten Prise Salz und Zimt aufkochen. Grünkernschrot zufügen und mit einem Holzlöffel rühren, bis die Masse sich als Kloß vom Topfboden löst. Von der Kochstelle nehmen und kurz abkühlen lassen. Die Eier nacheinander unterrühren. In einem Topf Salzwasser zum Kochen bringen. Mit zwei Teelöffeln Klößchen vom Teig abstechen und ins leicht siedende Wasser gleiten lassen. 15 Minuten bei kleinster Hitze garen. Auf einem Sieb abtropfen lassen. Honig mit Schlagsahne erhitzen. Klößchen hineingeben und drei bis fünf Minuten darin ziehen lassen. Mit gehackten Mandeln servieren. (Pro Portion ca. 510 Kalorien/2135 Joule; pflanzliches Eiweiß: 3 g, tierisches Eiweiß: 6 g)

Dazu: Kirschkompott

Birnen-Eierkuchen

500 g Birnen, 1 Zitrone, 6 Eier, 2 Becher saure Sahne à 150 g, 2 Eßl. Zucker, 1/2 Teel. Salz, 200 g Weizenmehl (Type 550), 8 Eßl. Öl, Zucker und Zimt zum Bestreuen, Puderzucker zum Bestäuben. Für 4 Portionen

Birnen schälen, das Kerngehäuse herausschneiden. Die Birnen würfeln und mit Zitronensaft beträufeln. Eiweiß zu steifem Schnee schlagen. Eigelb mit saurer Sahne, Zucker, Salz und abgeriebener Zitronenschale schaumig rühren. Erst das Mehl, dann den Eischnee eßlöffelweise unterheben. Aus dem Teig nacheinander etwa acht kleine Pfannkuchen backen. Dafür jeweils etwa einen Eßlöffel Öl erhitzen. Eine Kelle Teig in die Pfanne geben. Birnenstücke darauf verteilen. Pfannkuchen von beiden Seiten hellbraun braten, mit Zucker und Zimt bestreuen. Mit Puderzucker bestäuben. (Pro Portion ca. 725 Kalorien/3035 Joule; pflanzliches Eiweiß: 7 g, tierisches Eiweiß: 13 g)

Dazu: Cremig gerührter Quark

Apfelreis mit Gerstenkrokant

1/4 l Milch, 1 Prise Salz, 100 g Natur-Rundkornreis, 500 g Äpfel (Boskop, Reinetten oder Kläräpfel), 100 g Zucker, 50 g Gerstenflocken, 3 Eßl. brauner Zucker, 30 g Butter. Für 4 Portionen

Einen Viertelliter Wasser mit Salz zum Kochen bringen. Reis zufügen und bei kleinster Hitze 15 Minuten kochen. Heiße Milch zugießen und weitere 15 Minuten garen. Von der Kochstelle nehmen und im geschlossenen Topf 15 Minuten ausquellen lassen, dabei eventuell den Topf in eine Decke wickeln, damit die Wärme gespeichert wird. Die Äpfel waschen und mit der Schale grob raspeln. Mit dem Zucker unter den Reis mischen. Die Gerstenflocken mit dem braunen Zucker mischen. Butter in einer beschichteten Pfanne zerlassen. Flocken zufügen und unter häufigem Wenden zu einer braunen krümeligen Masse braten. Den abgekühlten Gerstenkrokant zum Apfelreis servieren. (Pro Portion ca. 620 Kalorien/2595 Joule; pflanzliches Eiweiß: 7 g, tierisches Eiweiß: 4 g)

Quarkauflauf mit Hirse

200 g Hirse, 500 g Quark (40 %), 3 Eier,
3 Eßl. Schlagsahne, 1 Päckchen Vanillezucker,
50 g brauner Zucker, 30 g Butter. Für 4 Portionen

Die Hirse über Nacht in kaltem Wasser einweichen. Gut abtropfen lassen und mit Quark und Eiern in eine Schüssel geben. Sahne, Vanillezucker und braunen Zucker unterrühren. Eine ofenfeste Form mit zehn Gramm Butter ausstreichen. Die Quarkmischung hineinfüllen. Die restliche Butter in Flöckchen darauf verteilen. In den Backofen schieben, auf 200 Grad/Gas Stufe 3 schalten und etwa eine Stunde backen. Eventuell nach etwa 50 Minuten mit Pergamentpapier abdecken. (Pro Portion ca. 530 Kalorien/2218 Joule; pflanzliches Eiweiß: 5 g, tierisches Eiweiß: 23 g)

Dazu: Pflaumen- oder Stachelbeerkompott und Vanillesoße

Grießklößchen mit Ahornsirup

3/8 l Milch, 75 g Butter oder Margarine, Salz, 175 g Vollkorn-Grieß,
3 Eier, 1 Becher Crème fraîche (150 g), 6 Eßl. Ahornsirup (ersatzweise
heller Zuckersirup), Zimt. Für 4 Portionen

Milch mit Fett und einer Prise Salz zum Kochen bringen. Den Vollkorn-Grieß unter Rühren einstreuen und kochen, bis ein Kloß entstanden ist. Kurz abkühlen lassen und die Eier nacheinander unterrühren. Mit zwei Teelöffeln kleine ovale Klößchen formen und in Salzwasser bei kleiner Hitze fünf bis acht Minuten garen, nicht kochen lassen. Herausnehmen und abtropfen lassen. Auf vorgewärmten Tellern mit Crème fraîche und

Ahornsirup anrichten. Mit Zimt bestäuben. (Pro Portion ca. 670 Kalorien/2805 Joule; pflanzliches Eiweiß: 4 g, tierisches Eiweiß: 9 g)

Backobst mit Nußnudeln

250 g Backobst, 300 ccm schwarzer Johannisbeersaft,
250 g Vollkornnudeln, Salz, 1 Teel. Speisestärke,
50 g gemahlene Haselnüsse, 40 g Butter, 1 – 2 Teel. brauner
Zucker zum Bestreuen. Für 3 Portionen

Backobst im Saft eventuell für eine Stunde einweichen, zum Kochen bringen und bei kleinster Hitze 20 Minuten kochen. Nudeln in kochendem Salzwasser acht bis zehn Minuten garen. Stärke mit zwei Eßlöffel Wasser verrühren und zum Backobst geben. Aufkochen lassen und warm stellen. Nüsse in zerlassener Butter leicht anbräunen. Nudeln abgießen, abtropfen lassen und zu den Nüssen geben. Unter Wenden kurz erhitzen. Nudeln mit dem Backobst und braunem Zucker servieren. (Pro Portion ca. 840 Kalorien/3516 Joule; pflanzliches Eiweiß: 19 g)

Zucker

Ob man den weißen Haushaltszucker, braunen Rohr- oder Rübenzucker verwendet, ist mehr eine Frage des Geschmacks als der Nährwerte. Alle Sorten bestehen aus Sacharose. Die geringen Mengen von Mineralstoffen und Vitaminen in dunklen Zuckersorten spielen für die Ernährung kaum eine Rolle. Auch dunkler Zucker liefert nur Energie und kaum wichtige Nährstoffe. Im Gegenteil, zum Abbau von Zucker benötigt der Körper zusätzliche Vitamine und Mineralstoffe. Wer ab und an gern Süßes ißt, sollte viel Vollkorngetreide essen, damit der Vitaminhaushalt nicht zu kurz kommt.

Pflaumenmus-Taschen

1,25 kg mehlige Kartoffeln, 300 g Mehl, 1 Ei, 1/2 Teel. Salz, je 1 gehäufter Eßl. Grieß und Kartoffelmehl, 3 Eßl. Öl, Mehl zum Ausrollen; Füllung: 1/2 Glas Pflaumenmus (etwa 200 g), 1 Teel. Rum, 1/2 Teel. Zimt, Ei, Salz; zum Wenden: 100 g Semmelbrösel, 100 g Butter. Für 6 Portionen

Kartoffeln waschen, kochen und abziehen. Durch eine Kartoffelpresse geben. Mit Mehl, Ei, Salz, Grieß, Kartoffelmehl und Öl vermischen. Mit den Händen zu einem geschmeidigen Teig verkneten. Den Teig mit Mehl bestreuen und etwa einen halben Zentimeter dick ausrollen. Pflaumenmus mit Rum und Zimt verrühren. Im Abstand von etwa zehn Zentimetern je einen gehäuften Teelöffel davon in einer Reihe auf dem Teig verteilen. Die Ränder um die Füllung im Abstand von zwei Zentimetern mit verquirltem Ei bestreichen. Die unbelegte Teighälfte über die Füllung klappen, leicht andrücken und halbmondförmig ausstechen. In reichlich kochendes Salzwasser geben. Etwa acht Minuten im offenen Topf bei kleiner Hitze ziehen lassen, bis die Taschen oben schwimmen. Semmelbrösel in heißer Butter anrösten. Die gut abgetropften Taschen darin wenden. (Pro Portion ca. 710 Kalorien/2972 Joule; pflanzliches Eiweiß: 7 g, tierisches Eiweiß: 1 g)

Dazu: Kalte Milch

Kaiserschmarrn

4 Eier, 2 Eßl. Zucker, 1 Prise Salz, 1/8 l Milch, 120 g Weizenmehl (Type 405 oder 550), 2 Eßl. gemahlene Haselnüsse, 75 g Rosinen, 30 g Butter, 1 Eßl. Puderzucker, 1 Teel. Zimt. Für 2 Portionen

Eier mit Zucker und Salz schaumig schlagen. Milch, Mehl, Haselnüsse und gewaschene Rosinen unterrühren. Die Butter in einer großen Pfanne zerlassen. Den Teig dazugießen. Bei großer Hitze etwa fünf Minuten backen. Dabei den Teig am besten mit zwei Bratenwendern oder Gabeln in kleine Stücke reißen. Auf

Teller verteilen und den Schmarrn mit Puderzucker und Zimt bestäuben. (Pro Portion ca. 830 Kalorien/3474 Joule; pflanzliches Eiweiß: 6 g, tierisches Eiweiß: 10 g)

Dazu: Kompott

Kuchenklöße mit Pflaumenkern

350 g Gebäckreste (Kekse, Biskuit), 50 g gemahlene Mandeln, $^{1}/_{2}$ Becher Schlagsahne (125 g), 1 Ei, 4 Zwetschen, 4 geschälte Mandelkerne, $^{1}/_{8}$ l Milch, 1 Päckchen Vanillezucker. Für 4 Portionen

Das Gebäck fein zerkrümeln. Mit gemahlenen Mandeln, Sahne und dem Ei in einer Schüssel vermischen. Zwetschen waschen, entkernen und mit je einer Mandel füllen. Aus dem Teig vier Klöße formen und jeweils eine Zwetsche in die Mitte drücken. Die Klöße in eine ofenfeste Form setzen. Mit Milch begießen und mit Vanillezucker bestreuen. In den Backofen schieben, auf 200 Grad/Gas Stufe 3 schalten und etwa 30 Minuten backen. (Pro Portion ca. 600 Kalorien/2512 Joule; pflanzliches Eiweiß: 21 g, tierisches Eiweiß: 4 g)

Dazu: Apfelmus

Milchreis mit Orangen

$^{1}/_{2}$ l Milch, 1 Zimtstange, 50 g brauner Zucker, 100 g Milchreis, 1 Prise Salz, 1 Eigelb, 3 Orangen, 1 Eßl. Mandelblättchen. Für 4 Portionen

Milch aufkochen. Zimtstange, Zucker, Reis und Salz zufügen. Im geschlossenen Topf bei kleinster Hitze etwa 30 Minuten quellen lassen. Von der Kochstelle nehmen und noch zehn Minuten weiterquellen lassen. Zimtstange entfernen und das Eigelb unterrühren. Orangen so abschälen, daß die weiße Haut völlig entfernt wird. Orangen würfeln und dabei die Kerne entfernen. Mit dem Reis mischen. In Portionsschalen füllen und mit Mandelblättchen bestreuen. (Pro Portion ca. 320 Kalorien/1340 Joule; pflanzliches Eiweiß: 3 g, tierisches Eiweiß: 5 g)

8

Dessert

Fast jeder genießt es, wenn nach einem guten Essen noch eine süße Kleinigkeit den Genuß abrundet. Suchen Sie sich heraus, welcher Nachtisch am besten zum Hauptgericht paßt: etwas fruchtig Leichtes nach einem kräftigen Essen oder ein gehaltvolleres Dessert nach einem kalorienarmen Hauptgang. Alle diese Desserts schmecken nicht nur gut, sondern ergänzen auch den Eiweiß- und Vitamingehalt der Mahlzeit.

Früchte in Gelee

500 g Erdbeeren (oder Himbeeren oder Kirschen), 4 Pfirsiche, 1/2 Bund frische Minze (oder Zitronenmelisse), Zucker, 200 g Doppelrahm-Frischkäse, 1 Zitrone, 12 Blatt weiße Gelatine, 1 Flasche lieblicher Weißwein (0,7 l). Für 6 Portionen

Obst waschen und putzen, Erdbeeren mit Pfirsichvierteln und Minzeblättern mischen. Mit drei Eßlöffel Zucker bestreuen. Frischkäse mit Zitronensaft und Zucker abschmecken und glattrühren. Gelatine einweichen, fest ausdrücken und mit einem Achtelliter Wein so lange unter Rühren erhitzen, bis sie sich aufgelöst hat. In den restlichen Wein einrühren. Etwa zwei Zentimeter hoch in eine runde Schüssel einfüllen, in den Kühlschrank stellen. Sobald das Gelee in der Schüssel erstarrt ist, die gemischten Früchte darauf verteilen. Restliche Flüssigkeit darübergießen, bis die Früchte bedeckt sind. Im Kühlschrank fest werden lassen. Restlichen Gelierwein mit dem Frischkäse verrühren. (Damit er nicht sofort geliert, bei Zimmertemperatur beiseite stellen.) Sobald die Sülze fest ist, Käsemasse daraufstreichen und kalt stellen. Vor dem Servieren die Form kurz in heißes Wasser halten und das Gelee auf einen runden Teller stürzen. (Pro Portion ca. 330 Kalorien/1381 Joule; pflanzliches Eiweiß: 2 g, tierisches Eiweiß: 8 g)

Avocadocreme mit Fenchelhonig

3 weiche Avocados, 2 Zitronen, 4 Eßl. Fenchelhonig (aus der Apotheke oder Drogerie), 1 Eßl. Kokosraspeln. Für 4 Portionen

Die Avocados halbieren, entkernen und mit einem Sparschäler abschälen. Zitronen auspressen. Avocados mit Zitronensaft im Mixer oder mit dem Pürierstab des Handrührgeräts zu einer glatten Creme pürieren, Fenchelhonig unterheben. Das Mus in vier Portionsschalen füllen und mit Kokosraspeln bestreuen. Gut gekühlt servieren. (Pro Portion ca. 435 Kalorien/1820 Joule; pflanzliches Eiweiß: 4 g)

Überbackener Rhabarber

800 g Rhabarber, 2 Bananen, 20 g Butter, 150 g brauner Zucker, 2 Teel. Speisestärke, 3 Eiweiß. Für 4 Portionen

Rhabarber putzen, waschen und in Stücke schneiden. Banane schälen und in Scheiben schneiden. Eine ofenfeste Schüssel mit Butter ausstreichen und das Obst hineingeben. Die Hälfte des Zuckers mit der Stärke mischen und darüberstreuen. In den Backofen schieben und auf 220 Grad/Gas Stufe 4 schalten. 20 Minuten backen. Inzwischen das Eiweiß steif schlagen und dabei den restlichen Zucker einrieseln lassen. Den Eischnee auf den Rhabarber häufen und weitere zehn Minuten im Backofen hellbraun überbacken. Sofort servieren. (Pro Portion ca. 300 Kalorien/1256 Joule; pflanzliches Eiweiß: 2 g, tierisches Eiweiß: 3 g)

Pumpernickel-Quark

150 g Pumpernickel, 500 g Sauerkirschen, 3 – 4 Eßl. heller, flüssiger Honig, 50 g Blockschokolade, 250 g Quark (20 %), 2 Päckchen Vanillezucker, 1 Becher Schlagsahne (250 g). Für 6 Portionen

Pumpernickel im warmen Backofen trocknen lassen. Sauerkirschen waschen, entsteinen und mit vier Eßlöffel Wasser bei kleiner Hitze zehn Minuten dünsten. Abtropfen lassen und mit dem Honig süßen. Pumpernickel und Schokolade auf einer Reibe fein raspeln. Quark mit Vanillezucker verrühren. Sahne steif schlagen und unter den Quark heben. Pumpernickel und Schokolade mischen. Quarkmischung, Pumpernickel und Kirschen schichtweise in eine Schüssel füllen. Eine Stunde im Kühlschrank durchziehen lassen. (Pro Portion ca. 375 Kalorien/1570 Joule; pflanzliches Eiweiß: 3 g, tierisches Eiweiß: 6 g)

Ausgebackene Holunderblüten

10 – 15 Holunderblüten, 100 g Weizenmehl (Type 1050), 1 Eßl. gemahlene Mandeln, 1 Päckchen Vanillezucker, 1 Eßl. Honig, 3 Eier; Butterschmalz oder Öl zum Ausbacken; Puderzucker zum Bestäuben. Für 6 Portionen

Holunderblüten kurz waschen und auf einem Tuch trocknen lassen. Nicht unter fließendem Wasser abspülen, denn die Blüten sind empfindlich! Das Mehl mit Mandeln, Vanillezucker, Honig und Eiern in eine Schüssel geben. Zu einem dickflüssigen Teig rühren, dabei noch drei bis fünf Eßlöffel Wasser zufügen. Den Teig eine halbe Stunde stehenlassen. Das Fett in einem Topf auf 180 Grad erhitzen. Es ist heiß genug, wenn an einem Holzlöffelstiel Bläschen hochsteigen. Die Holunderblüten am Stiel anfassen und in den Teig tauchen. Portionsweise in heißem Fett hellbraun ausbacken. Sofort mit Puderzucker bestäubt servieren. (Pro Portion ca. 280 Kalorien/1172 Joule; pflanzliches Eiweiß: 3 g, tierisches Eiweiß: 4 g)
Dazu: Tee oder Kaffee

Holunderblüten
Im Juni blühen in vielen Gärten und an Feldrändern die Holunder- oder Fliederbeerbüsche. Schneiden Sie die Blüten mit einer Schere ab, und lassen Sie so viel vom Stengel an der Blüte, daß Sie beim Eintauchen in den Ausbackteig noch einen »Griff« zum Anfassen haben. Wichtig: Holunderblüten nicht an Straßenrändern oder in umweltbelasteten Stadtgegenden ernten. Sie schlucken sonst zuviel Schmutz mit, denn von den Blüten läßt sich durch das Abspülen mit Wasser nur der Staub entfernen.

Dickmilch mit Früchten

1 Becher Dickmilch (500 g), 1 Teel. Zimt, 6 Eßl. Honig, 1/2 Zitrone, 2 Bananen, 2 Äpfel, 1 Pfirsich oder 2 Aprikosen, je 1 Eßl. Rosinen, Wal- und Haselnüsse. Für 6 Portionen

Dickmilch mit Zimt, Honig und Zitronensaft gründlich verrühren, bis der Honig sich gelöst hat. Bananen und Äpfel schälen und kleinschneiden. Pfirsich oder Aprikosen waschen, entkernen und in Spalten schneiden. Das Obst in eine Schüssel geben. Die Dickmilch darüberfüllen. Mit Rosinen und gehackten Nüssen bestreuen. (Pro Portion ca. 225 Kalorien/942 Joule; pflanzliches Eiweiß: 1 g, tierisches Eiweiß: 3 g)

Apfelflan mit Haselnüssen

500 g Äpfel, 20 g brauner Zucker, 1/2 Teel. Zimt, 3 Eier, 1 Becher Schlagsahne (250 g), 30 g Haselnußkerne. Für 4 Portionen

Die Äpfel schälen, entkernen und in dünne Spalten schneiden. In vier kleine, ofenfeste Formen (oder eine große Form) geben. Zwei Eßlöffel Zucker mit dem Zimt mischen und die Äpfel damit bestreuen. Die Eier mit der Schlagsahne und dem restlichen Zucker gründlich verschlagen und über die Äpfel verteilen. Haselnußkerne grob hacken und darüberstreuen. Die Förmchen in eine bis zur halben Höhe mit heißem Wasser gefüllte ofenfeste Form (oder in die Fettpfanne des Backofens) stellen. In den Backofen schieben, auf 180 Grad/Gas Stufe 2 schalten und in 60 Minuten fest werden lassen. Gutgekühlt servieren. (Pro Portion ca. 450 Kalorien/1883 Joule; pflanzliches Eiweiß: 1 g, tierisches Eiweiß: 7 g)

Zabaione

2 Eier, 1 Eßl. Zucker, 1/8 l Südwein (Marsala, Cream Sherry oder Portwein), Zimt. Für 4 Portionen

Eier mit Zucker in eine Schüssel geben. Die Schüssel in einen Topf mit leicht kochendem Wasser setzen. Mit den Quirlen des Handrührgeräts die Eier mit dem Zucker hellschaumig aufschlagen, bis der Zucker sich aufgelöst hat. Unter weiterem Schlagen nach und nach den Südwein zugeben. Den Schaum mit Zimt bestäubt sofort servieren. (Pro Portion ca. 100 Kalorien/418 Joule; tierisches Eiweiß: 4 g)

Dazu: Früchte oder Eis

Wasserbad
Für das Aufschlagen von Cremes oder Soßen im Wasserbad benötigt man eine Porzellan- oder Edelstahlschüssel und einen Kochtopf im entsprechenden Durchmesser, damit die Schüssel so in den Topf gesetzt werden kann, daß der Boden der Schüssel einen genügend großen Abstand zum Topfboden erhält. Den Topf nur etwa drei bis vier Zentimeter hoch mit Wasser füllen. Bei mittlerer bis kleiner Hitze das Wasser zum Sieden bringen, jedoch nicht sprudelnd kochen, sonst gerinnen die Eier und man verbrennt sich leicht am austretenden Wasserdampf. Eine sehr praktische Hilfe ist ein sogenanntes Bain Marie, ein Wasserbadtopf. Solche Töpfe haben einen doppelten Boden, in den man das Wasser einfüllen kann.

Gebackene Pflaumen mit Mandeln

400 g Zwetschen, 20 g Butter, 4 Eßl. Honig, 1 Prise Muskat, 40 g Mandelstifte. Für 4 Portionen

Zwetschen waschen, halbieren und entkernen. Ein großes Stück Alufolie mit Butter bestreichen. Die Zwetschen darauf verteilen. Mit Honig beträufeln. Muskat und Mandelstifte darüber verteilen. Die Folie fest verschließen und in den Backofen auf den Rost legen. Den Ofen auf 200 Grad/Gas Stufe 3 schalten und die Zwetschen 30 Minuten backen. Aus der Folie heiß oder lauwarm servieren. (Pro Portion ca. 225 Kalorien/942 Joule; pflanzliches Eiweiß: 3 g)

Dazu: Halbsteif geschlagene Sahne

Früchte in Vollkornstreusel

500 g Stachelbeeren, 2 Birnen, 2 Äpfel, 2 Eßl. Zucker, je 120 g Butter, brauner Zucker und Weizenvollkornmehl (Type 1700), 1 Teel. Honig, 1 Teel. Zimt, 1 Prise Salz. Für 6 Portionen

Stachelbeeren waschen und verlesen. Blütenansätze und Stiele abschneiden. Birnen und Äpfel schälen, entkernen und würfeln. Die Früchte in eine ofenfeste Schüssel geben und mit Zucker bestreuen. Weiche Butter in Flöckchen mit Zucker, Mehl, Honig, Zimt und Salz in eine Schüssel geben und mit den Knethaken des Handrührgeräts zu Streuseln verkneten. Die Streusel sollten nicht zu fein werden, sonst mit angefeuchteten Händen größere Bröckchen formen. Streusel auf die Früchte geben und die Schüssel in den Backofen schieben. Auf 200 Grad/Gas Stufe 3 schalten und etwa 40 Minuten goldbraun backen. (Pro Portion ca. 390 Kalorien/1633 Joule; pflanzliches Eiweiß: 4 g)

Dazu: Sahnedickmilch oder Joghurt

Knusperwaffeln

200 g Weizenmehl (Type 405 oder 550), 2 Becher Crème fraîche (300 g), 1 Prise Salz, Fett für die Form, 500 g Beeren (z. B. Himbeeren, Heidelbeeren, Johannisbeeren; ersatzweise Tiefkühl-Beeren), 4 Eßl. Honig. Für 8 Stück

Mehl mit Crème fraîche, Salz und 450 Kubikzentimeter Wasser verrühren. Das Waffeleisen erhitzen. Die Backflächen dünn mit Fett einpinseln. Etwa sechs Eßlöffel Teig in das Waffeleisen geben. (Der Teig ist sehr dünnflüssig.) Das Eisen schließen und die Waffel bei kleiner Hitze etwa sechs Minuten backen. Mit einer

Gabel herausheben und auf einem Kuchengitter abkühlen lassen. Nacheinander aus dem Teig etwa acht Waffeln backen. Die Beeren verlesen, waschen und putzen. Zu den Waffeln mit Honig reichen. (Pro Waffel ca. 270 Kalorien/1130 Joule; pflanzliches Eiweiß: 3 g, tierisches Eiweiß: 1 g)

Jasmin-Teecreme

4 Blatt weiße Gelatine, 1/4 l starker Jasmintee (Schwarztee mit Jasminblüten), 3 Eier, 75 g Zucker, 1/2 Zitrone, 20 g Mandelblättchen zum Bestreuen. Für 5 Portionen

Gelatine in kaltem Wasser einweichen. Ausdrücken und im heißen Tee auflösen. Eier trennen. Eigelb, Zucker und zwei Eßlöffel kaltes Wasser schlagen, bis eine helle, dickliche Creme entstanden ist und der Zucker sich aufgelöst hat. Abgekühlten Tee und Zitronensaft unterrühren. In den Kühlschrank stellen, bis die Creme halbfest geworden ist. Das Eiweiß zu sehr steifem Schnee schlagen. Mit einem Schneebesen unter die Teecreme heben. In fünf Portionsgläser füllen und mit Mandelblättchen garnieren. (Pro Portion ca. 145 Kalorien/607 Joule; pflanzliches Eiweiß: 1 g, tierisches Eiweiß: 6 g)

Crêpes mit Zimtsahne

70 g Butter, 120 g Buchweizenmehl, 1 Eßl. Vollsojamehl, 3 Eier, Salz, 200 ccm Milch, 1 Becher saure Sahne (150 g), 1 Becher Crème fraîche (150 g), 1/2 Teel. Zimt, 1 Eßl. Weinbrand, eventuell Zucker, 3 Eßl. Öl, 16 Eßl. Ahornsirup (ersatzweise Fenchelhonig). Für 6 Portionen

Butter zerlassen und zum Abkühlen beiseite stellen. Buchweizenmehl, Sojamehl, Eier und Salz verrühren. Milch und 70 Kubikzentimeter Wasser zufügen und mit dem Schneebesen unterschlagen. Abgekühlte Butter unterziehen und den Teig 30 Minuten zum Quellen stehenlassen. Inzwischen die saure Sahne mit

Crème fraîche, Zimt und Weinbrand verrühren. Eventuell mit Zucker abschmecken. Das Öl in einer Pfanne erhitzen. Zwei Eßlöffel Teig hineingeben. Die Pfanne schwenken, damit der Teig sich dünn verteilt. Den Crêpe von beiden Seiten hellbraun backen. Auf diese Weise den Teig zu 12 Crêpes verarbeiten und warm stellen. Jeweils zwei aufgerollte Crêpes auf einem Teller mit Zimtsahne und Ahornsirup beträufelt anrichten. (Pro Person ca. 480 Kalorien/2009 Joule; pflanzliches Eiweiß: 2 g, tierisches Eiweiß: 6 g)

Kastaniencreme

1 Dose Kastanienpüree (440 g), 250 g Magerquark, 2 – 3 Eßl. Honig, 6 cl Creme de Cassis (Johannisbeerlikör, ersatzweise Kirschlikör), 1 Prise Salz, 1/2 Becher Schlagsahne (100 g), 3 Stückchen Borkenschokolade (ersatzweise 1 Eßl. Schokoladenstreusel). Für 6 Portionen

Kastanienpüree mit den Quirlen des Handrührgeräts cremig rühren. Quark, Honig, Cassis und Salz unterrühren. Die Sahne steif schlagen und mit einem Schneebesen locker so unterheben, daß noch Sahneschlieren zu sehen sind. Creme in eine Schüssel füllen und mit Schokolade dekorieren. (Pro Portion ca. 320 Kalorien/1340 Joule; pflanzliches Eiweiß: 2 g, tierisches Eiweiß: 7 g)

Dazu: Trauben, Stachelbeeren oder Aprikosen

Vanillezucker

Vanillezucker, eine Zutat in vielen Desserts, können Sie auch selbst machen. Dafür eine oder zwei Vanilleschoten der Länge nach halbieren, das Mark mit einem spitzen Messer herauskratzen und mit zwei bis drei Eßlöffel Zucker vermischen. Die Schote in Stücke schneiden und zufügen. Die Mischung in einem verschlossenen Gläschen aufheben. Päckchen mit echtem Vanillezucker gibt es auch zu kaufen. Er ist teurer als synthetisch aromatisierter Vanillinzucker.

9

Frühstück und kleine Gerichte

Hier finden Sie Rezepte für Frühstücksmüsli, Brotaufstrich, selbstgebackene Brötchen, kleine Gerichte als Imbiß oder zum Abendbrot und gesunde Sachen zum Naschen, die gut zur Arbeit und auf Reisen mitgenommen werden können.

Müsli mit Orange und Apfel

30 g Corn-flakes, 1 Eßl. kernige Haferflocken (oder Gerstenflocken), 1/2 Eßl. Sonnenblumenkerne, 1/2 Eßl. Haselnußkerne, 1/2 Eßl. Rosinen, 2 getrocknete Aprikosen, 1/2 Apfel, 1/2 Orange, 1/4 l Milch. Für 1 Portion

Cornflakes, Haferflocken, Sonnenblumenkerne, gehackte Haselnüsse, Rosinen und gewürfelte Aprikosen auf einem tiefen Teller mischen. Apfel und Orange schälen und in Spalten oder Würfel schneiden. Mit der Milch zu den übrigen Zutaten auf den Teller geben. (Ca. 626 Kalorien/2616 Joule; pflanzliches Eiweiß: 6 g, tierisches Eiweiß: 8 g)

Müsli, eine gesunde Mischung

Drei Hauptbestandteile machen ein Müsli aus: Getreide, Obst und Milch. Wer mag, nimmt noch Nüsse dazu. Ganz »echt« ist so ein Müsli, wenn alle Zutaten roh sind. Also: kein Haferbrei, sondern Haferflocken oder eingeweichtes Schrot. Kein Kompott, sondern frische Früchte, nur geschält und gewürfelt. Und Milch nicht gekocht, sondern nur pasteurisiert, wie sie in den Handel kommt. Noch besser sind Sauermilchprodukte oder Vorzugsmilch.

Knusper-Müsli für den Vorrat

100 g gemischte Nußkerne (ungesalzen), 500 g kernige Haferflocken, 50 g Sesam, 50 g Leinsamen, 100 ccm Öl, 200 g flüssiger Honig, 50 g getrocknete Aprikosen, 50 g Rosinen, 50 g Weizenkleie. Für 25 Portionen

Nußkerne fein hacken und in eine große Schüssel geben. Haferflocken, Sesam und Leinsamen untermischen. Öl und Honig zufügen und gründlich durchmischen, bis die Haferflocken zu kleben beginnen. Die Mischung auf einem Backblech verteilen. In den Backofen schieben und bei 180 Grad/Gas Stufe 2 eine halbe Stunde backen, bis die Mischung goldbraun und knusprig ist. Dabei ab und zu mit einer Gabel durchrühren und zusammengebackene Klumpen zerdrücken. Abkühlen lassen. Feingehackte

Aprikosen, Rosinen und Weizenkleie untermischen. In einem fest schließenden Glas oder einem Plastikbehälter kühl (aber nicht im Kühlschrank) lagern. (Pro Portion ca. 210 Kalorien/879 Joule; pflanzliches Eiweiß: 5 g)

Dazu: Milch, Joghurt oder Buttermilch und frische Früchte

Hafermüsli mit Sirupmilch

2 Eßl. Haferschrot, 5 frische oder getrocknete Aprikosen, 1 Eßl. Sonnenblumenkerne, 1 Eßl. Zuckerrübensirup, 4 Eßl. Milch. Für 1 Portion

Haferschrot mit vier Eßlöffel kaltem Wasser mischen und über Nacht quellen lassen. Frische Aprikosen waschen, entkernen und würfeln. Getrocknete Aprikosen über Nacht in kaltem Wasser einweichen. Haferschrot mit Aprikosen und Sonnenblumenkernen mischen. Sirup in der Milch auflösen und über das Müsli gießen. (Ca. 465 Kalorien/1946 Joule; pflanzliches Eiweiß: 10 g, tierisches Eiweiß: 1 g)

Hafer

Diese aromatische Getreidesorte wird als einzige überwiegend roh (zum Beispiel als Haferflocken im Müsli) verzehrt. Besonders Kinder mögen wegen des angenehmen Nußaromas gern Haferflocken mit Milch oder Saft zum Frühstück. Neben dem hohen Gehalt an wertvollem Eiweiß (in 100 Gramm stecken etwa 15 Gramm Eiweiß) hat Hafer auch eine sogenannte psychotrope Wirkung. Das bedeutet, er enthält eine anregende, die Stimmungslage günstig beeinflussende Komponente. Das muß schon vor Jahrhunderten bekannt gewesen sein, denn ein Sprichwort sagt über einen übermütigen Menschen: »Ihn sticht der Hafer.«

Gerstenmüsli

2 Eßl. Gerstenflocken, 4 Eßl. Milch, 1 Eßl. Honig, 1 Apfel, 1 Eßl. gehackte Haselnüsse. Für 1 Portion

Gerstenflocken mit Milch vermischen. Honig darüberträufeln. Apfel waschen, schälen, das Kerngehäuse entfernen und grob raspeln. Mit den gehackten Haselnüssen unter die Gerstenflocken mischen. (Pro Portion ca. 390 Kalorien/1633 Joule; pflanzliches Eiweiß: 6 g, tierisches Eiweiß: 1 g)

Schrot fürs Müsli
Getreideschrot muß immer erst in Wasser eingeweicht werden, damit es quellen kann. Roh ist es unverdaulich und kaum eßbar. Für eine Portion übergießt man einen Eßlöffel Schrot mit so viel Wasser, daß ein dickflüssiger Brei entsteht. Über Nacht zum Quellen kühl stellen. Im Sommer auf jeden Fall im Kühlschrank quellen lassen, denn sonst kann sich leicht Schimmel bilden, der giftige Stoffe (Aflatoxine) enthält. Probieren Sie selbst aus, welche Getreidesorten Ihnen am besten schmecken und bekommen. Wer gern viele Sorten auf einmal probieren möchte, kauft Sechskornschrot. Es enthält neben den sechs Getreidesorten auch noch Weizenkleie.

Vollkornbrötchen mit Sonnenblumenkernen

500 g Weizenvollkornmehl (Type 1700), 1 Teel. Salz, 1 Teel. Zucker, 1 Päckchen Trockenhefe, 2 Eßl. Sonnenblumenkerne, Fett fürs Blech, Kondensmilch zum Bestreichen. Für 12 Brötchen

Mehl, Salz, Zucker und Hefe in einer Schüssel mischen. 350 Kubikzentimeter lauwarmes Wasser zufügen. Mit den Knethaken des Handrührgeräts kneten, bis der Teig sich vom Schüsselboden löst. Zugedeckt an einem warmen Ort gehen lassen, bis der Teig sich etwa verdoppelt hat. Auf einer bemehlten Arbeitsfläche die Sonnenblumenkerne unterkneten. Eine Rolle formen und mit einem Messer in zwölf gleich große Stücke teilen. Jedes Teigstück zu einer glatten Kugel formen und auf ein gefettetes

Backblech legen. Noch einmal etwa 20 Minuten gehen lassen. Mit einem Messer oben kreuzweise einritzen und mit Milch bestreichen. Die Brötchen in den Backofen schieben, auf 200 Grad/Gas Stufe 3 schalten und etwa 30 Minuten goldbraun backen. Auf einem Rost abkühlen lassen. (Pro Stück ca. 180 Kalorien/753 Joule; pflanzliches Eiweiß: 6 g)

Dazu: Butter und Doppelrahm-Frischkäse

Walnußbrot

250 g Walnußkerne, 800 g Weizenmehl (Type 1050), 2 Päckchen Trockenhefe, 1 gestrichener Eßl. Salz, 1 Eßl. Honig, 1/2 l Trinkmolke (ohne Fruchtzusatz), Fett für die Form Für 1 Laib/20 Scheiben

Die Hälfte der Walnüsse hacken. Zusammen mit Mehl, Hefe, Salz, Honig und. lauwarmer Molke mit den Knethaken des Handrührgerätes zu einem geschmeidigen Teig verarbeiten. Zugedeckt an einem warmen Ort gehen lassen, bis der Teig sich etwa verdoppelt hat. Den Teig kräftig durchkneten. Zu einem Rechteck ausrollen. Restliche Walnüsse darauf verteilen. Den Teig aufrollen. Die Rolle in eine gefettete Kastenform legen. In den kalten Backofen schieben. Auf 200 Grad/Gas Stufe 3 schalten und etwa eine Stunde backen. (Pro Scheibe ca. 240 Kalorien/1004 Joule; pflanzliches Eiweiß: 7 g)

Dazu: Verschiedene Käsesorten

Kräuter-Hefeschnecken

500 g Weizenmehl (Type 1050), 1 Päckchen Trockenhefe, 1 Teel. Salz, 1 Eßl. Honig, 50 g Butter oder Margarine, $^1/_4$ l Milch, 2 Zwiebeln, je 2 Bund Schnittlauch, Petersilie und Estragon (oder andere Kräuter nach Geschmack), 1 Paket Doppelrahm-Frischkäse (200 g), 2 Knoblauchzehen, Fett fürs Backblech, Milch zum Bestreichen. Für 8 Stück

Mehl, Hefe und Salz in einer Schüssel mischen. Honig, weiches Fett und lauwarme Milch zufügen. Mit den Knethaken des Handrührgeräts verkneten, bis der Teig sich als Kloß vom Schüsselrand löst. Zugedeckt an einem warmen Ort gehen lassen, bis der Teig sich fast verdoppelt hat. Inzwischen für die Kräuterfüllung die Zwiebeln abziehen und in feine Würfel schneiden. Die Kräuter waschen und fein hacken. Zwiebeln und Kräuter mit weichem Frischkäse und zerdrückten Knoblauchzehen mischen. Den Hefeteig mit den Händen noch einmal gründlich durchkneten und zu einem Rechteck ausrollen. Die Kräuter-Käsemischung darauf verteilen. Das Teigstück von der kürzeren Seite her aufrollen und in acht Scheiben schneiden. Auf ein gefettetes Backblech legen und mit Milch bestreichen. Noch 15 Minuten gehen lassen. In den Backofen schieben, auf 200 Grad/Gas Stufe 3 schalten und etwa 20 bis 25 Minuten goldbraun backen. (Pro Stück ca. 415 Kalorien/1737 Joule; pflanzliches Eiweiß: 7 g, tierisches Eiweiß: 5 g)

Honig oder Sirup abwiegen

Diese zähflüssigen, klebrigen Süßigkeiten lassen sich nur mit größeren Verlusten (die ganze Umgebung klebt) auf herkömmliche Weise abwiegen. Einfacher und sauberer ist folgende Methode: Das Honig- oder Sirupglas zuerst wiegen. Mit einem Eßlöffel oder Honigquirl nach und nach die entsprechende Menge herausnehmen und zwischendurch immer wieder wiegen, bis die Waage anzeigt, daß die gewünschte Menge entnommen wurde.

Kräutertee

In fast allen Gegenden Deutschlands wachsen noch wilde Brombeeren und Himbeeren. Sammeln Sie die Blätter. Gemischt im Verhältnis ein Teil Himbeer- und zwei Teile Brombeerblätter ergeben sie einen Tee, der aufgebrüht fast wie Schwarztee schmeckt. Die welken Blätter mit einer Kuchenrolle zerdrücken, mit etwas Wasser besprengen und in einen großen Stoffbeutel (Leinen oder Baumwolle) geben. An einem warmen, aber luftigen Ort aufhängen. Nach drei Tagen abnehmen und im Zimmer ausgebreitet trocknen lassen. Den völlig trockenen Tee zerbröseln und in fest schließenden Dosen aufheben. Diese Teemischung läßt sich gut mit anderen Kräutern, zum Beispiel Pfefferminze, Kamille, Hagebutten oder Lindenblüten, kombinieren. Zum Aufbrühen pro Tasse einen gehäuften Teelöffel Kräuter mit kochendem Wasser übergießen und fünf Minuten ziehen lassen. Mit Honig, Kandis oder Zucker süßen.

Vollkorn-Honigkuchen

250 g heller flüssiger Honig, 175 ccm Öl (Sonnenblumen- oder Maiskeimöl; eventuell Walnußöl), 1 Ei, 500 g Weizen-Vollkornmehl (Type 1700), 1 Teel. Zimt, 1 Prise Muskatblüte, 1 Prise Salz, 1 Eiweiß, 50 g gemischte Nußkerne. Für 20 Stücke

Honig, Öl und Ei gut verrühren. Vollkornmehl, Zimt, Muskatblüte und Salz mischen und unter die Honigmischung kneten. Den Teig mit einer gut bemehlten Kuchenrolle auf einem Backblech ausrollen (fetten ist nicht nötig). Eiweiß mit einem Eßlöffel kaltem Wasser verschlagen und den Teig damit bestreichen. Mit einem Messer 20 Stücke auf dem Teig markieren und jedes Stück mit Nußkernen verzieren. In den Backofen schieben und auf 180 Grad/Gas Stufe 2 schalten. In etwa 30 bis 40 Minuten goldbraun backen. Abkühlen lassen und in Stücke schneiden. Dieser Kuchen hält sich in Alufolie oder einer fest schließenden Dose verpackt etwa zwei Wochen frisch. (Pro Stück ca. 230 Kalorien/963 Joule; pflanzliches Eiweiß: 3 g, tierisches Eiweiß: 1 g)

Eibutter

2 Eier, 100 g Butter, 1 Teel. milder Senf, 1 Messerspitze Salz, 1 Prise frischgemahlener Pfeffer. Für 6 Portionen

Eier in acht Minuten hart kochen, mit kaltem Wasser übergießen und darin abkühlen lassen. Schälen und mit dem Pürierstab des Handrührgeräts oder einem Messer sehr fein hacken. Butter schaumig rühren. Mit Ei, Senf, Salz und Pfeffer mischen. Eibutter hält sich im Kühlschrank eine Woche. (Pro Portion ca. 160 Kalorien/670 Joule; tierisches Eiweiß: 2 g)

Dazu: Brot und Salatgurke

Knoblauchbrot mit gegrilltem Camembert

1 Baguette, 3 Knoblauchzehen, 1/8 l Olivenöl, 2 mittelreife Camemberts à 62,5 g, 2 Teel. Öl, grob gemahlener Pfeffer. Für 4 Portionen

Baguette in schräge Scheiben schneiden. Knoblauchzehen abziehen, zerdrücken und mit Olivenöl mischen. Brotscheiben von beiden Seiten damit bepinseln. Auf dem Grill unter Wenden hellbraun rösten. Camemberts auf den Grill legen. Alufolie mit Öl bepinseln. Nach dem Wenden den Käse daraufsetzen. Mit Pfeffer bestreuen und auf der Folie zu Ende grillen. (Pro Portion ca. 600 Kalorien/2511 Joule; pflanzliches Eiweiß: 12 g, tierisches Eiweiß: 12 g)

Eingelegter Käse

5 Knoblauchzehen, 1 Zweig frischer Rosmarin, 1/2 Bund frischer Tymian, 12 kleine Ziegenkäse (ersatzweise 750 g Schafkäse), 4 – 5 Lorbeerblätter (am besten frische), 1/2 Teel. Pfefferkörner, 1 l kaltgepreßtes Olivenöl, 4 Eßl. Gin oder Doppelwacholder. Für 12 Portionen

Koblauchzehen abziehen und in feine Scheiben schneiden. Rosmarinnadeln von den Stielen streifen und grob hacken. Thymianblättchen von den Stielen zupfen. Knoblauch, Rosmarin, Thymian, Ziegenkäse (oder Schafkäse in Portionsstücken), Lorbeerblätter und Pfefferkörner in ein großes Gefäß schichten. Olivenöl und Gin mischen und darübergießen. Das Gefäß verschließen und eine Woche kühl stellen. (Pro Portion ca. 345 Kalorien/1444 Joule; tierisches Eiweiß: 11 g)

Dazu: Frisches Weißbrot und Oliven

Geröstetes Roggenbrot

1 Knoblauchzehe, 4 Eßl. Olivenöl, Salz, 1/2 Teel. getrockneter Thymian, 4 fingerdicke Scheiben Roggenbrot. Für 4 Portionen

Knoblauchzehe abziehen und zerdrücken. Mit Öl, einer Prise Salz und fein zerriebenem Thymian verrühren. Die Brotscheiben mit der Mischung bestreichen. Unter dem vorgeheizten Grill oder in einer beschichteten Pfanne hellbraun rösten. (Pro Portion ca. 220 Kalorien/920 Joule; pflanzliches Eiweiß: 3 g)

Dazu: Gemischter Salat

Käse in Öl

Der eingelegte Käse hält sich mindestens vier Wochen. Er eignet sich sehr gut als Geschenk. Wichtig für die Haltbarkeit: nur frische, trockene Zutaten verwenden. Besonders die Kräuter dürfen nicht feucht sein. Wenn der Käse aufgegessen ist, das Öl zum Würzen von Salaten oder Gemüsegerichten weiterverwenden.

Käsepasteten

150 g Weizenmehl (Type 1050), 80 g Butter oder Margarine, 1/4 Teel. Salz, 100 g Edamer oder Goudakäse, 1 Bund Schnittlauch, 1 Ei, 1/2 Eßl. Mehl, 1/2 Eßl. Semmelbrösel, 1/2 Becher stichfeste saure Sahne (100 g), Salz, Fett für die Formen. Für 6 Stück

Mehl mit Butter in kleinen Flöckchen, Salz und vier bis fünf Eßlöffel kaltem Wasser verkneten. Den Teig mit den Händen so lange durchkneten, bis die Zutaten sich verbunden haben. Zugedeckt eine halbe Stunde beiseite stellen. Inzwischen den Käse reiben. Den Schnittlauch waschen, abtrocknen und in Röllchen schneiden. Ei, Mehl, Semmelbrösel, saure Sahne und Käse mit dem Schnittlauch mischen. Eventuell mit Salz abschmecken. Sechs kleine Pasteten oder Auflaufformen (ersatzweise eine Springform von 24 Zentimeter Durchmesser) gut fetten. Den Teig dünn ausrollen und die Formen damit auslegen. Die Käsemischung darauf verteilen. Darauf achten, daß die Formen nur zu dreiviertel gefüllt sind, denn die Käsefüllung geht auf. Käsepastetchen in den Backofen schieben, auf 250 Grad schalten und etwa 20 Minuten goldbraun backen. Sofort servieren. (Pro Portion ca. 300 Kalorien/1256 Joule; pflanzliches Eiweiß: 3 g, tierisches Eiweiß: 6 g)

Kräuterbrötchen

150 g gemischte Kräuter (z. B. Petersilie, Schnittlauch, Thymian), 250 g Weizenmehl (Type 550), 250 g Weizenvollkornmehl (Type 1700), 1 Päckchen Backpulver, 1 1/2 Teel. Salz, 1 Prise Muskat, frisch gemahlener Pfeffer, 100 g Butter oder Margarine, 2 Eier, 1/4 l Buttermilch, 1 Eigelb. Für 12 Stück

Kräuter gründlich waschen, abtrocknen und grob hacken. Beide Mehlsorten, Backpulver, Salz, Muskat, Pfeffer, Fett und Eier in eine Schüssel geben. Buttermilch nach und nach dazugießen und alles mit den Knethaken des Handrührgeräts zu einem Teig verarbeiten. Zuletzt die Kräuter untermischen. Den Teig daumendick ausrollen und runde Plätzchen (Durchmesser acht Zentimeter) ausstechen. Auf ein bemehltes Backblech setzen. Eigelb mit zwei Eßlöffel Wasser verschlagen. Die Brötchen damit bestreichen. Im Backofen bei 250 Grad/Gas Stufe 5 etwa 20 Minuten backen. (Pro Stück ca. 250 Kalorien/1047 Joule; pflanzliches Eiweiß: 5 g, tierisches Eiweiß: 12 g)

Dazu: Butter, Quark, Radieschen und Tomaten

Schnittlauchquark

250 g Speisequark (20 %), 1 Becher Joghurt (3,5 %),
3 Bund Schnittlauch, Salz, frisch gemahlener Pfeffer,
1/2 Teel. Zucker, eventuell 2 Eßl. Milch. Für 8 Portionen

Quark mit Joghurt cremig rühren. Schnittlauch waschen, abtrocknen und in feine Röllchen schneiden. Mit Salz, Pfeffer und Zucker zum Quark geben. Falls die Mischung zu fest wird, noch etwas Milch unterrühren. Den Quark eine halbe Stunde im Kühlschrank durchziehen lassen und nochmals nachwürzen. (Pro Portion ca. 50 Kalorien/209 Joule; tierisches Eiweiß: 5 g)

Dazu: Vollkornbrot oder Roggenbrötchen und Radieschen

Pikante Quarktaschen

1 Paket Tiefkühl-Blätterteig (300 g), 200 g Quark (10 %),
1 Eßl. Speisestärke, 2 Bund Schnittlauch, Salz, frisch gemahlener Pfeffer,
1 Prise Zucker, 2 Eigelb, 2 Eßl. Milch, 1 Eßl. Kümmel. Für 10 Stück

Aufgetaute Blätterteigscheiben bis auf die doppelte Größe ausrollen. Quark, Speisestärke und in Röllchen geschnittenen Schnittlauch mischen. Mit Salz, Pfeffer und Zucker würzen. Ein Eigelb unterrühren, das zweite in einer kleinen Schüssel mit der Milch verrühren. Die Blätterteigscheiben mit einem scharfen Messer halbieren. Die Quarkmischung auf die zehn Scheiben verteilen. Dabei die Ränder frei lassen und mit Wasser bestreichen. Scheiben zusammenklappen und die Kanten mit einer Gabel festdrücken. Mit der Ei-Milch-Mischung so bestreichen, daß die Schnittkanten frei bleiben, sonst geht der Blätterteig beim Backen nicht auf. Die Taschen mit Kümmel bestreuen und auf ein mit Wasser benetztes Blech legen. In den Backofen schieben und auf 220 Grad/Gas Stufe 3 schalten. Etwa 30 Minuten backen und lauwarm servieren. (Pro Portion ca. 175 Kalorien/733 Joule; pflanzliches Eiweiß: 1 g, tierisches Eiweiß: 3 g)

Kochkäse mit Kümmel

125 g Harzer Käse (nicht zu reif), 170 ccm Schlagsahne, 20 g Butter, 1 Teel. Kümmel.

Den Käse grob zerbröckeln. Mit der Sahne und der Butter in einen Topf geben. Bei kleiner Hitze unter ständigem Rühren aufkochen. Von der Kochstelle nehmen, einige Minuten abkühlen lassen und den Kümmel unterrühren. In eine kleine Schüssel füllen und mit Klarsichtfolie bedeckt abkühlen lassen. (Ca. 935 Kalorien/3914 Joule; tierisches Eiweiß: 42 g)

Dazu: Roggenbrot und Butter

Kochkäse

Kochkäse schmeckt mit anderen Gewürzen wie Anis, grobem Pfeffer oder Piment ebenfalls sehr gut. Außerdem passen frische Kräuter, zum Beispiel Schnittlauch, Dill, Basilikum oder Bohnenkraut, sehr gut hinein. Im Kühlschrank hält sich der Käse etwa drei Tage frisch. Besonders gut schmeckt er allerdings lauwarm. Dann passen Pellkartoffeln und Salat dazu und machen ein vollwertiges Hauptgericht daraus.

Tomaten mit Basilikumfüllung

3 große Fleischtomaten, 1 Bund Basilikum, 2 Knoblauchzehen, 50 g Cashewkerne, 3 kleine Scheiben Weißbrot (etwa 75 g), 3 Eßl. trockener Weißwein, 4 Eßl. Olivenöl, Salz, frisch gemahlener Pfeffer, 30 g frisch geriebener Parmesankäse. Für 3 Portionen

Tomaten waschen, einen Deckel abschneiden und das Innere der Tomate mit einem Teelöffel herausheben. Basilikum waschen, abtrocknen und grob hacken. Knoblauch abziehen und zerdrücken. Cashewkerne in der Mandelmühle oder im Blitzhacker fein mahlen. Brotrinden abschneiden und das Innere fein würfeln. Mit Wein beträufeln und mit einer Gabel zerdrücken. Basilikum, Knoblauch, gemahlene Cashewkerne, das Tomateninnere und den feingewürfelten Deckel mit Öl, Salz und Pfeffer verkneten. Die Mischung in die Tomaten füllen und mit Parmesan bestreuen. Unter dem vorgeheizten Grill oder im vorgeheizten Backofen bei 250 Grad/Gas Stufe 5 hellbraun überbacken. (Pro Portion ca. 405 Kalorien/1695 Joule; pflanzliches Eiweiß: 7 g, tierisches Eiweiß: 3 g)

Dazu: Crème fraîche

Crème fraîche aufs Brot

Diese dicke, leicht säuerliche Sahne eignet sich sehr gut statt Butter oder Margarine als Brotaufstrich unter Käse oder Tomaten. Sie schmeckt aber auch solo oder mit Kräutern vorzüglich auf Brot oder Brötchen. Übrigens, Kaloriensparer sollten häufiger auf Crème fraîche umsteigen, sie enthält maximal 40 Prozent Fett, Butter oder Margarine dagegen fast 100 Prozent.

Aprikosen-Paranußkonfekt

100 g bittere Kuvertüre (oder zartbittere Schokolade), 200 g getrocknete Aprikosen, 12 Paranußkerne. Für etwa 12 Stück

Kuvertüre im Wasserbad oder im Backofen bei 50 Grad flüssig werden lassen. Jeweils zwischen zwei Aprikosen einen Nußkern legen und mit dem Handballen auf der Arbeitsplatte fest zusammendrücken. Das Konfekt mit einer Gabel in flüssige Schokolade tauchen und auf Alufolie fest werden lassen. (Pro Stück ca. 145 Kalorien/607 Joule; pflanzliches Eiweiß: 2 g)

Früchteriegel

200 g Trockenpflaumen ohne Kern, 200 g Aprikosen, 100 g gemahlene Mandeln, 2 Eßl. Honig, $^1/_2$ Teel. Zimt, 5 rechteckige Oblaten (122 mal 202 Millimeter). Für 20 Riegel

Trockenpflaumen und Aprikosen durch den Fleischwolf geben oder im Blitzhacker pürieren. Mit Mandeln, Honig und Zimt verkneten. Jeweils zwei Eßlöffel auf einer Oblate verstreichen. Mit einer zweiten Oblate zudecken und festdrücken. Wiederum mit der Fruchtmischung bestreichen und mit einer Oblate abdecken, bis die Fruchtmischung verbraucht ist. Die gefüllten Oblaten mit einem Buch beschwert über Nacht durchziehen lassen. Quer in zehn schmale Streifen und einmal längs durchschneiden und in Folie verpackt kühl lagern. Die Früchteriegel halten sich mindestens vier Wochen frisch. (Pro Riegel ca. 100 Kalorien/418 Joule; pflanzliches Eiweiß: 2 g)

Malzkaffee

Unter dem Namen Landkaffee kommt das frühere Kindergetränk langsam wieder in Mode. Hergestellt wird Malzkaffee aus geröstetem und gemälztem Getreide, überwiegend aus Gerste und Roggen. Einige Sorten enthalten auch einen Anteil von gerösteter Zichorie und Zuckerrübenschnitzeln. Malzkaffee enthält keine anregenden Stoffe wie Koffein oder Tein.

Aprikosen-Mandelkugeln

500 g getrocknete Aprikosen, 1 Eßl. Waldhonig,
100 g geschälte Mandelkerne, 1 Eßl. Puderzucker. Für 20 Stück

Aprikosen durch die feine Scheibe des Fleischwolfs treiben oder im Blitzhacker pürieren. Honig unterkneten. Hände mit Puderzucker bestäuben und aus der klebrigen Masse 20 Kugeln formen. In jede Aprikosenkugel eine Mandel drücken. Restliche Mandeln grob hacken oder in Stifte schneiden. Die Kugeln in den Mandeln wälzen, bis sie rundherum bedeckt sind. Über Nacht trocknen lassen und in einer Blechdose aufheben. Die Aprikosen-Mandelkugeln halten sich etwa vier Wochen frisch. (Pro Stück ca. 120 Kalorien/502 Joule; pflanzliches Eiweiß: 2 g)

Trinkschokolade

100 g bittere Schokolade, 1/2 l Milch, Zucker oder Honig
nach Geschmack, 1/2 Becher Schlagsahne (100 g),
je eine Prise Zimt und Kakao. Für 4 Portionen

Schokolade zerbröckeln und mit der Milch in einen Topf geben. Bei kleiner Hitze unter ständigem Rühren erwärmen, bis die Schokolade geschmolzen ist. Nicht kochen lassen. Mit Zucker oder Honig abschmecken und in Tassen füllen. Die Schlagsahne steif schlagen und jeweils einen Löffel als Haube auf jede Tasse geben. Mit Zimt und Kakao bestäuben und sofort servieren. (Pro Portion ca. 315 Kalorien/1319 Joule; pflanzliches Eiweiß: 1 g, tierisches Eiweiß: 5 g)

Schokolade

Schokolade darf in Deutschland weder künstliche Aromastoffe noch Farbe oder Konservierungsmittel enthalten. Sie besteht nur aus gemahlenen Kakaobohnen, Milch, Zucker und Gewürzen.

Karamelbutter

100 g weiche Butter oder Margarine, 4 Eßl. Zuckerrübensirup, 1 Teel. Zitronensaft, 1 Prise Zimt. Für 10 Portionen

Weiches Fett mit Sirup, Zitronensaft und Zimt vermischen. In ein Glas oder eine fest schließende Plastikdose füllen und im Kühlschrank aufheben. Schmeckt auf Brot. (Pro Portion ca. 105 Kalorien/440 Joule)

Eierpunsch mit Aprikosensaft

4 Eier, 1 Zitrone, 1 Flasche Aprikosensaft oder -nektar (0,7 l), Honig oder Zucker zum Süßen nach Geschmack (etwa 4 Eßl.). Für 8 Gläser

Die Eier mit dem Saft und der abgeriebenen Zitronenschale in einen großen Topf geben. Bei mittlerer Hitze mit den Quirlen des Handrührgeräts so lange schlagen, bis Schaum aufsteigt und sich die Menge fast verdoppelt hat. Süßen und sofort in Gläser füllen. (Pro Glas ca. 120 Kalorien/502 Joule; tierisches Eiweiß: 4 g)

Register

GOLDMANN

Brigitte-Bücher

Margaret Minker/Renate Scholz, Das große Buch der Naturheilweisen 13739

Barbara Rias-Bucher, BRIGITTE Vollwert-Diät 13744

Sylvia Schneider, Wechseljahre 13743

Ingeborg Wittmann, Schön sein 13741

Goldmann · Der Taschenbuch-Verlag

GOLDMANN

Barbara Rütting

Koch- und Spielbuch für Kinder 13593

Mein neues Kochbuch 13760

Mein Kochbuch 10838

Mein Gesundheitsbuch 13584

Goldmann · Der Taschenbuch-Verlag